Caroline Wienecke

Natur- und Baumschutz in Deutschland

Rechtliche Entwicklungen und Probleme

Diplomica® Verlag GmbH

Wienecke, Caroline: Natur- und Baumschutz in Deutschland: Rechtliche Entwicklungen und Probleme. Hamburg, Diplomica Verlag GmbH 2012

ISBN: 978-3-8428-7990-4
Druck: Diplomica® Verlag GmbH, Hamburg, 2012

Bibliografische Information der Deutschen Nationalbibliothek:
Die Deutsche Nationalbibliothek verzeichnet diese Publikation in der Deutschen Nationalbibliografie; detaillierte bibliografische Daten sind im Internet über http://dnb.d-nb.de abrufbar.

Die digitale Ausgabe (eBook-Ausgabe) dieses Titels trägt die ISBN 978-3-8428-2990-9 und kann über den Handel oder den Verlag bezogen werden.

"Planst du für ein Jahr, so säe Korn.

Planst du für ein Jahrtausend, so pflanze Bäume"

(Kuan Chung)

Inhaltsverzeichnis

A. Literaturverzeichnis...5

B. Abkürzungsverzeichnis 20

C. Ausarbeitung 23

    I. Einleitung..23

    II. (Rechts)Geschichte des Natur- und Baumschutzes 24

        1. Von der Natur zum Baumschutz...24

            a) Einführung 24

            b) Natur...25

            c) Naturschutz 26

            d) Baumschutz..27

        2. Rechtliche Entwicklung..27

            a) Weimarer Verfassung 1919 27

            b) Reichsnaturschutzgesetz 28

            c) DDR ab 1954 30

            d) Bundesnaturschutzgesetz ab 1976...31

            e) Bundesnaturschutzgesetz 2010 32

        3. Zusammenfassung 33

    III. Rechtliche Grundlagen des heutigen Naturschutzes 33

        1. Grundgesetz..33

            a) Schutz der natürlichen Lebensgrundlagen 33

                aa) Natürliche Lebensgrundlagen..34

                bb) Staatszielbestimmung..34

            b) Selbstverwaltungsrecht 35

            c) Konkurrierende Gesetzgebung...36

         2. Bundesnaturschutzgesetz..36

            a) Ziele des Naturschutzes und der Landschaftspflege..........................37

            b) Eingriffe in Natur und Landschaft...37

c) Vermeidungs- und Verursacherpflicht...38

d) Naturdenkmäler...40

e) Geschützte Landschaftsbestandteile..40

f) Allgemeiner Schutz 41

3. Landschaftsgesetz NW..42

4. Satzungen und Verordnungen..44

5. Mustersatzung...45

6. Zusammenfassung...45

IV. Rechtmäßigkeit der Baumschutzregelungen..46

1. Inhaltliche Probleme von Satzungen 46

a) §§ 1 - 3 der Muster-Baumschutzsatzung...46

aa) Gegenstand der Satzung 47

bb) Geltungsbereich...48

cc) Geschützte Bäume 51

b) §§ 4 - 7 der Muster-Baumschutzsatzung 52

aa) Ausnahmen und Befreiungen 52

(1) Ausnahmen..53

(2) Befreiungen 54

bb) Ersatzpflanzungen und Ausgleichszahlungen..56

c) §§ 8 - 13 der Muster-Baumschutzsatzung...58

2. Vereinbarkeit der Satzungen mit anderen Rechten und Normen...........................58

a) Vereinbarkeit mit Art. 14 GG 58

aa) Schutzbereich im Hinblick auf naturschutzbedingte Beschränkungen 58

bb) Eigentumsrelevante Maßnahme 59

(1) Inhalts- und Schrankenbestimmung des Eigentums.....................................59

(2) Enteignung 60

cc) Verfassungsrechtliche Rechtfertigung...61

b) Vereinbarkeit mit Art. 13 GG 64

2

aa) Schutzbereich...64

bb) Eingriff..64

cc) Verfassungsrechtliche Rechtfertigung...65

c) Vereinbarkeit mit Baurecht...66

aa) Festsetzungen im Bebauungsplan gemäß 9 Abs. 1 Nr. 25 BauGB 66

bb) Festsetzungen im Bebauungsplan gemäß § 9 Abs. 1 Nr. 20 BauGB..............69

cc) Pflanzgebot...69

dd) Nicht überbaute Flächen 70

ee) Schutz der Bäume an Baustellen 70

d) Vereinbarkeit mit Privatrecht und Nachbarschutz..71

aa) Überhang 72

bb) Grenzbaum 74

cc) Zuführung unwägbarer Stoffe 74

(1) Laub- und Nadelfall 74

(2) Beschattung...77

(3) Ausgleichsanspruch 78

dd) Beseitigungs- und Unterlassungsanspruch...80

ee) Schadensersatz- und Verkehrssicherungspflicht 80

ff) Auswirkungen auf Sondereigentum 82

e) Strafrechtliche Regelungen...83

3. Zusammenfassung 84

V. Ausgestaltung des Baumschutzes in Beispielkommunen....................................85

1. Beispiel-Baumschutzsatzungen 85

a) Detmold...85

b) Oberhausen 87

c) Bielefeld..87

d) Wuppertal 89

e) Zusammenfassung..90

3

2. Für und Wider einer kommunalen Baumschutzsatzung 90

a) Abwägung aus kommunaler Sicht 90

b) Abwägung aus Sicht der Bürger 92

3. Zusammenfassung... 93

VI. Endergebnis 93

D. Zusammenfassung der wesentlichen Ergebnisse 98

F. Anhänge 100

I. Reichsnaturschutzgesetz.. 100

II. Mustersatzung des Städte- und Gemeindebundes NRW 111

III. Satzung zum Schutz des Baumbestandes in der Stadt Detmold......................... 120

IV. Baumschutzsatzung der Stadt Oberhausen.. 127

V. Baumerhaltungsrichtlinie der Stadt Bielefeld... 135

VI. Programm der Stadt Wuppertal 139

A. Literaturverzeichnis

Bartholomäi, Eberhard
Baumschutzsatzungen und Baumschutz-verordnungen - eine Zwischenbilanz, UPR 1988, 241 (zit.: Bartholomäi, Baumschutzsatzungen und Baumschutzverordnungen, UPR 1988, 241 [_]).

Battis, Ulrich / Krautzberger, Michael / Löhr, Rolf-Peter Baugesetzbuch - BauGB - Kommentar, 11. Auflage, München 2009 (zit.: Bearbeiter, in: Battis/ Krautzberger/Löhr, BauGB, § _, Rn. _).

Bauer, Erwin / Salewski, Siegbert
Recht der Landschaft und des Naturschutzes in Nordrhein-Westfalen, Vorschriftensammlung unter besonderer Berücksichtigung des Artenschutzrechts mit einer monographischen Einführung, 2. Auflage, Köln 1987 (zit.: Bauer/Siegbert, Recht der Landschaft und des Naturschutzes in NRW, Teil _, S. _).

Becker, Bernd
Das neue Umweltrecht 2010, WHG, BNatSchG, NiSG, BImSchG, UVPG u.a., München 2010 (zit.: Becker, Das neue Umweltrecht 2010, S. _, Rn. _).

Berghoff, Peter / Steg, Katharina
Das neue Bundesnaturschutzgesetz und seine Auswirkungen auf die Naturschutzgesetze der Länder, NuR 2010, 17 (zit.: Berghoff/Steg, Das neue Bundesnaturschutzgesetz, NuR 2010, 17 [_]).

Breloer, Helge

Verkehrssicherungspflicht bei Bäumen aus rechtlicher und fachlicher Sicht, 5. Auflage, Braunschweig 1996 (zit.: Breloer, Verkehrssicherungspflicht bei Bäumen, S. _).

Breloer, Helge

Baum- und Gehölzpflege nach dem neuen Bundesnaturschutzgesetz, Allgemeine Forstzeitschrift für Waldwirtschaft und Umweltvorsorge 2010, 17 (zit.: Breloer, Baum- und Gehölzpflege nach dem neuen BNatSchG, AFZ-Der Wald 2010, 17 [_]).

Britz, Gabriele

Baumschutz durch umweltbewusste Nachbarrechts-judikatur der Zivilgerichte? - Zur folgenorientierten Auslegung des Begriffs der Zumutbarkeit in § 906 Abs. 2 BGB -, DÖV 1996, 505 (zit.: Britz, Baumschutz durch umweltbewusste Nachbarrechtsjudikatur der Zivilgerichte, DÖV 1996, 505 [_]).

Bruns, Patrick

Echo: Kommunale Baumschutzsatzungen leben weiter!, NZBau 2010, 232 (zit.: Bruns, Kommunale Baumschutzsatzungen leben weiter, NZBau 2010, 232 [_]).

Buff, Wolfram

Bäume im Bild, Leben und Schönheit unserer Bäume, Stuttgart 1986 (zit.: Buff, Bäume im Bild, S. _).

Conrady, Hans-Peter

"Angelegenheiten der örtlichen Gemeinschaft" nach Art. 28 Abs. II Satz 1 GG?, DVBl 1970, 408 (zit.: Conrady, Angelegenheiten der örtlichen Gemeinschaft, DVBl 1970, 408 [_]).

Cornelius, Karl

Das Reichsnaturschutzgesetz, Inaugural Dissertation zur Erlangung der Doktorwürde einer hohen Rechtswissenschaftlichen Fakultät der Universität Köln, Bochum-Langendreer 1936 (zit.: Cornelius, Reichsnaturschutzgesetz, S. _).

Dreßler, Ulrich/Rabbe, Magnus

Kommunales Baumschutzrecht, Darstellungen, 3. Auflage, Wiesbaden 2001 (zit.: Dreßler/Rabbe, Kommunales Baumschutzrecht, S. _).

Endres, Thomas

Eigentumsfreiheitsklage contra Naturschutz, Bielefeld 1997 (zit.: Endres, Eigentumsfreiheitsklage contra Naturschutz, S. _).

Engel, Rainer

Blüten und Blätter aus Nachbars Garten - rechtswidrige Immissionen, für die eine Entschädigungspflicht besteht?, NuR 1982, 245 (zit.: Engel, Blüten und Blätter aus Nachbars Garten, NuR 1982, 245 [_]).

Fehn, Karsten / Laschet, Carsten

Die Bestimmung der Ortsüblichkeit im Sinne des § 906 BGB, UPR 1998, 7 (zit.: Fehn/Laschet, Die Bestimmung der Ortsüblichkeit, UPR 1998, 7 [_]).

Fischer, Thomas

Strafgesetzbuch und Nebengesetze, 57. Auflage, München 2010 (zit.: Fischer, StGB, § _, Rn. _).

Gädtke, Horst / Temme, Heinz-Georg / Heintz, Detlef / Czepuck, Knut

        BauO NRW, Kommentar, 11. Auflage, Köln 2008 (zit.: Bearbeiter, in: Gädtke/Temme/ Heintz/Czepuck, BauO NRW, § _, Rn. _).

Gassner, Erich / Bendomir-Kahlo, Gabriele / Schmidt-Räntsch, Annette / Schmidt- Räntsch, Jürgen

        Bundesnaturschutzgesetz, Kommentar, 2. Auflage, München 2003 (zit.: Bearbeiter, in: Gassner/ Bendomir-Kahlo/ Schmidt- Räntsch, BNatSchG, § _, Rn. _).

Göhler, Erich   Gesetz über Ordnungswidrigkeiten, 15. Auflage, München 2009 (zit.: Bearbeiter, in: Göhler, OWiG, § _, Rn. _).

Gollwitzer, Gerda   Botschaft der Bäume: gestern, heute, morgen? 2.Auflage, Köln 1985 (zit.: Gollwitzer, Botschaft der Bäume, S. _).

Gronemeyer, Steffen (Hrsg.) Baugesetzbuch, Praxiskommentar, Wiesbaden, Berlin 1999 (zit.: Bearbeiter, in: Gronemeyer, Baugesetzbuch, § _, Rn. _).

Günther, Jörg-Michael   Baumallergien als Ausnahme- oder Befreiungstatbestände bei Baumschutz- satzungen?, Das Gartenamt 1991, 584 (zit.: Günther, Baumallergien als Aus- nahme- oder Befreiungstatbestände?, Das Gartenamt 1991, 584 [_]).

Günther, Jörg-Michael   Nochmals: Baumallergien und Baumschutz, Das Gartenamt 1992, 463 (zit.: Günther, Baumallergien und Baumschutz, Das Gartenamt 1992, 463 [_]).

Günther, Jörg-Michael   Rechtsprobleme des kommunalen Baumschutzes, Inaugural- Dissertation zur Erlangung der Doktorwürde einer Hohen Rechtswissenschaftlichen Fakultät der Universität zu Köln, 1993 (zit.: Günther, Rechtsprobleme des kommunalen Baumschutzes, S. _).

Günther, Jörg-Michael   Baumschutzrecht, Zur Anwendung von Baumschutzsatzungen und –verordnungen, Praxis des Verwaltungsrechts Heft 10, München 1994 (zit.: Günther, Baumschutzrecht, S. _, Rn. _).

Günther, Jörg-Michael   Die zivilrechtliche Haftung bei geschützten Bäumen, NuR 1994, 373 (zit.: Günther, Die zivilrechtliche Haftung bei geschützten Bäumen, NuR 1994, 373 [_]).

Günther, Jörg-Michael   Baumschutzsatzungen - eine rechtliche und tatsächliche Bilanz, NWVBl. 1995, 89 (zit.: Günther, Baumschutzsatzungen, NWVBl. 1995, 89 [_]).

Hömig, Dieter (Hrsg.)   Grundgesetz für die Bundesrepublik Deutschland, 9. Auflage, Baden-Baden 2010 (zit.: Bearbeiter, in: Hömig, GG, Art. _, Rn. _).

Höreth-Marquardt, Gabriele / Wedekind, Birgit

Bäume - rechtliches Konfliktpotential in einer Großstadt?, DÖV 2001, 1034 (zit.: Höreth-Marquardt/ Wedekind, Bäume - rechtliches Konfliktpotential in einer Großstadt?, DÖV 2001, 1034 [_]).

Hübler, Karl-Hermann (Hrsg.) / Cassens, Hans-Jürgen (Hrsg.)

Naturschutz in den neuen Bundesländern, Chancen für die Landschaftsentwicklung, Bewertung der Naturschutzpolitik, Stand der Gesetzgebung in den neuen Bundesländern und in Berlin, Taunusstein 1993 (zit.: Bearbeiter, in: Hübler/Cassens, Naturschutz in den neuen Bundesländern, S. _).

Hufen, Friedhelm / Leiß, Dieter

Ausgewählte Probleme beim Erlass von Baumschutzverordnungen, BayVBl. 1987, 289 (zit.: Hufen/Leiß, Ausgewählte Probleme beim Erlass von Baumschutzverordnungen, BayVBl. 1987, 289 [_]).

Jarass, Hans/Pieroth, Bodo   Grundgesetz für die Bundesrepublik Deutschland, Kommentar, 10. Auflage, München 2009 (zit.: Bearbeiter, in: Jarass/Pieroth, GG, Art. _, Rn. _).

Kloepfer, Michael   Umweltrecht, 3. Auflage, München 2004 (zit.: Kloepfer, Umweltrecht, § _, Rn. _).

Kloepfer, Michael   Umweltschutzrecht, München 2008 (zit.: Kloepfer, Umweltschutzrecht, § _, Rn. _).

Kratsch, Dietrich / Schumacher, Jochen

        Naturschutzrecht, Ein Leitfaden für die Praxis, Beiträge zur Umweltgestaltung, Band A 158, Berlin 2005 (zit.: Kratsch/Schumacher, Naturschutzrecht, S. _).

Krause, Ralph S.   Die Grenzen der Sozialpflichtigkeit des Grundeigentums im Naturschutzrecht, 1. Auflage, Pforzheim 1996 (zit.: Krause, Die Grenzen der Sozialpflichtigkeit, S. _).

Kunz, Wolfgang   Schutz, Pflege und Erhaltung des Baumbestandes durch Baumschutzregelungen, DÖV 1987, 16 (zit.: Kunz, Schutz, Pflege und Erhaltung des Baumbestandes, DÖV 1987, 16 [_]).

Lersner, Heinrich Frhr. von Zum Rechtsbegriff der Natur, NUR 1999, 61 (zit.: Lersner, Zum Rechtsbegriff der Natur, NUR 1999, 61 [_]).

Lorz, Albert / Müller, Markus / Stöckel, Heinz

        Naturschutzrecht mit Artenschutz und Europarecht/ Internationales Recht, 2. Auflage, München 2003 (zit.: Lorz/Müller/Stöckel, Naturschutzrecht, Anlage _, § _, Rn. _).

Lübbe-Wolff (Hrsg.)   Umweltschutz durch kommunales Satzungsrecht, 2. Auflage, Berlin 1997 (zit.: Bearbeiter, in: Lübbe-Wolff, Umweltschutz, Rn. _, S. _).

Meßerschmidt, Klaus / Schumacher, Jochen

Bundesnaturschutzrecht, Kommentar zum Bundesnaturschutzgesetz, Vorschriften und Entscheidungen, Band 1, 99. Aktualisierung, München, Rechtsstand: August 2010 (zit.: Meßerschmidt/ Schumacher, Bundesnaturschutzrecht, 99. Aktualisierung, § _, Rn. _).

Molketin, Rüdiger

Bäume - taugliche Objekte einer gemeinschädlichen Sachbeschädigung im Sinne von § 304 Abs. 1 StGB? (Anmerkung zum Urteil des OLG Oldenburg vom 14. September 1987 - Ss 403/87), UPR 1988, 426 (zit.: Molketin, Bäume- taugliche Objekte einer gemeinschädlichen Sachbeschädigung?, UPR 1988, 426 [_]).

Mrass, Walter

Die Organisation des staatlichen Naturschutzes und der Landschaftspflege im Deutschen Reich und in der Bundesrepublik Deutschland seit 1935, gemessen an der Aufgabenstellung in einer modernen Industriegesellschaft, Stuttgart 1970 (zit.: Mrass, Die Organisation des staatlichen Naturschutzes und der Landschaftspflege, S. _).

Müller, Jürgen

Nachbars Laub - Ein Überblick über die Rechtsprechung zur Entschädigung für Nadel- und Laubfall, NJW 1988, 2587 (zit.: Müller, Nachbars Laub, NJW 1988, 2587 [_]).

Münchener Kommentar zum Bürgerlichen Gesetzbuch

Bürgerliches Gesetzbuch, Band 6, Sachenrecht, §§ 854 - 1296, Wohnungseigentumsgesetz, Erbbaurechtsgesetz, 5. Auflage, München 2009 (zit.: Bearbeiter, in: MüKo, BGB, § _, Rn. _).

Otto, Franz

Bedeutung und Anwendung von Baumschutzregelungen, Recht der Landwirtschaft, 1985, 113 (zit.: Otto, Bedeutung und Anwendung von Baumschutzregelungen, RdL 1985, 113 [_]).

Otto, Franz

Rechtliche Probleme bei der Anwendung von Baumschutzregelungen, NVwZ 1986, 900 (zit.: Otto, Rechtliche Probleme bei der Anwendung von Baumschutzregelungen, NVwZ 1986, 900 [_]).

Otto, Franz

Zivilrechtliche Auswirkungen von Baumschutzregelungen, NJW 1989, 1783 (zit.: Otto, Zivilrechtliche Auswirkungen von Baumschutzregelungen, NJW 1989, 1783 [_]).

Otto, Franz / Raddatz, Anselm

Anmerkung zu VG Gelsenkirchen, Urt.v.13.12.1989 - 10 K 4289/88, NWVBl. 1990, 390, NWVBl. 1990, 392 (zit.: Otto/Raddatz, Anmerkung zu VG Gelsenkirchen, NWVBl. 1990, 392 [_]).

Otto, Franz / Raddatz, Anselm

Zur Bestimmtheit von Baumschutzsatzungen, NVwZ 1991, 963 (zit.: Otto/Raddatz, Zur Bestimmtheit von Baumschutzsatzungen, NVwZ 1991, 963 [_]).

Otto, Franz

Die Bestimmung des Grundeigentums und des nachbarrechtlichen Verhältnisses durch Baumschutzregelungen, Das Gartenamt 1991, 396 (Otto, Die Bestimmung des Grundeigentums, Das Gartenamt 1991, 396 [_]).

Otto, Franz

Was können Baumschutzsatzungen tatsächlich leisten? Wie weit können sie ausgelegt werden, wie weit sollte man sie auslegen?, Das Gartenamt 1992, 624 (zit.: Otto, Was können Baumschutzsatzungen tatsächlich leisten?, Das Gartenamt 1992, 624 [_]).

Otto, Franz

Zivilrechtliche Auswirkungen von Baumschutzregelungen, Recht der Landwirtschaft 1993, 113 (zit.: Otto, Zivilrechtliche Auswirkungen von Baumschutzregelungen, RdL 1993, 113 [_]).

Otto, Franz

Die Verkehrssicherungspflicht und Haftung für geschützte Bäume, NJW 1996, 356 (zit.: Otto, Die Verkehrssicherungspflicht und Haftung für geschützte Bäume, NJW 1996, 356 [_]).

Otto, Franz

Nachbarrecht und Baumschutzrecht - Anmerkung zu einem Urteil des OLG Köln -, UPR 1998, 187 (zit.: Otto, Nachbarrecht und Baumschutzrecht, UPR 1998, 187 [_]).

Otto, Franz

Anmerkung zum Urteil des OVG Rheinland-Pfalz vom 16. Januar 2008, DWW 2008, 268 (zit.: Otto, Anmerkung zum Urteil des OVG Rh-Pf vom 16.1.2008, DWW 2008, 268 [_]).

Palandt, Otto

Bürgerliches Gesetzbuch, Kommentar, 69. Auflage, München 2010 (zit.: Bearbeiter, in: Palandt, BGB, § _, Rn. _).

Peter, Armin

Grundeigentum und Naturschutz, Die Situation des Grundeigentums im Bereich des Naturschutzes und der Landschaftspflege im Lichte der grundgesetzlichen Eigentumsgarantie unter besonderer Berücksichtigung des nordrhein-westfälischen Landschaftsgesetzes, Frankfurt am Main 1993 (zit.: Peter, Grundeigentum und Naturschutz, S. _).

Picht, Georg

Der Begriff der Natur und seine Geschichte, Stuttgart 1989 (zit.: Picht, Der Begriff der Natur, S. _).

Pieroth, Bodo / Schlink, Bernhard

Grundrechte, Staatsrecht II, Mit höchstrichterlichen Entscheidungen auf CD-ROM, 26. Auflage, Heidelberg, München, Landsberg, Frechen, Hamburg 2010 (zit.: Pieroth/ Schlink, Grundrechte, § _, Rn. _).

Queitsch, Peter	Baumschutz auf kommunaler Ebene, Baumschutzsatzungen und Landschaftsgesetz - Ein aktueller Überblick unter Berücksichtigung der neueren obergerichtlichen Rechtsprechung -, Städte- und Gemeinderat 1993, 221 (zit.: Queitsch, Baumschutzsatzungen und Landschaftsgesetz, StGr. 1993, 221 [_]).
Queitsch, Peter	Kommunaler Baumschutz und Baurecht, Städte- und Gemeinderat 1994, 177 (zit.: Queitsch, Kommunaler Baumschutz und Baurecht, StGr. 1994, 177 [_]).
Rosenzweig, Klaus	Das Rechtsinstitut "Geschützter Landschaftsbestandteil", NUR 1987, 313 (zit.: Rosenzweig, Das Rechtsinstitut "Geschützter Landschaftsbestandteil", NUR 1987, 313 [_]).
Sachs, Michael (Hrsg.)	Grundgesetz, Kommentar, 5. Auflage, München 2009 (zit.: Bearbeiter, in: Sachs, GG, Art. _, Rn. _).
Schäfer, Heinrich	Nachbarrechtsgesetz für Nordrhein-Westfalen, Kommentar, 15. Auflage, München 2008 (zit.: Schäfer, NachbG NW, § _, Rn. _).
Scheidler, Alfred	Die naturschutzrechtliche Eingriffsregelung im BNatSchG 2010, UPR 2010, 134 (zit.: Scheidler, Die naturschutzrechtliche Eingriffsregelung im BNatSchG 2010, UPR 2010, 134 [_]).
Schink, Alexander	Baumschutzsatzungen und -verordnungen, DÖV 1991, 7 (zit.: Schink, Baumschutzsatzungen und -verordnungen, DÖV 1991, 7 [_]).

Schmidt, Michael J.   Streitobjekt Baum, Das Grundeigentum 1987,
                             478 (zit.: Schmidt, Streitobjekt Baum, Das
                             Grundeigentum 1987, 478 [_]).

Schmidt, Reiner / Kahl, Wolfgang
                             Umweltrecht, 8. Auflage, München 2010 (zit.:
                             Schmidt/Kahl, Umweltrecht, § _, Rn. _).

Schröer, Thomas   Kommunale Baumschutzsatzungen vor dem Aus,
                             NZBau 2010, 98 ff. (Schröer, Kommunale
                             Baumschutzsatzungen vor dem Aus, NZBau
                             2010, 98 [_]).

Schumacher, Anke / Schumacher, Jochen / Fischer-Hüftle, Peter
                             Bundesnaturschutzgesetz, Kommentar, Stuttgart
                             2003 (zit.: Bearbeiter, in: Schumacher/Fischer-
                             Hüftle, BNatSchG, § _, Rn. _).

Schwab, Siegfried   Baumschutzverordnung und Eigentumsgarantie,
                             DWW   1985,   23   (zit.:   Schwab,
                             Baumschutzverordnung und Eigentumsgarantie,
                             DWW 1985, 23 [_]).

Schwade, Wolfgang   Probleme des Baumschutzes in den Kommunen,
                             Städte- und Gemeinderat 1992, 108 (zit.:
                             Schwade, Probleme des Baumschutzes in den
                             Kommunen, StGr. 1992, 108 [_]).

Seidel, Achim   Öffentlich-rechtlicher und privatrechtlicher
                             Nachbarschutz, München 2000 (zit.: Seidel,
                             Öffentlich-rechtlicher und privatrechtlicher
                             Nachbarschutz, § _, Rn. _).

Staudinger, J. von   Kommentar zum Bürgerlichen Gesetzbuch mit
                            Einführungsgesetz und Nebengesetzen, Buch 3,
                            Sachenrecht, §§ 905 - 924 (Privates
                            Nachbarrecht), Berlin, Neubearbeitung 2009 (zit.:
                            Bearbeiter, in: Staudinger, BGB, § _, Rn. _).

Steinberg, Rudolf   Baumschutzsatzungen und -verordnungen,
                            Kompetenz- und Grundrechtsprobleme
                            naturschutzrechtlicher Regelungen, NJW 1981,
                            550 (zit.: Steinberg, Baumschutzsatzungen und -
                            verordnungen, NJW 1981, 550 [_]).

Stiftung Naturschutzgeschichte (Hrsg.)
                            Natur im Sinn: Beiträge zur Geschichte des
                            Naturschutzes, 1 Auflage, Essen 2001 (zit.:
                            Bearbeiter, in: Beiträge zur Geschichte des
                            Naturschutzes, S. _).

Stollmann, Frank / Kämper, Norbert
                            Landschaftsgesetz Nordrhein-Westfalen (LG),
                            Kommentar, 10. Aktualisierung, Wiesbaden,
                            Rechtsstand: März 2008 (zit.: Stollmann/Kämper,
                            LG NW, § _, Rn. _).

Strauss, Helmut   Zum Sinn und Zweck von
                            Baumschutzverordnungen, Erfolgserlebnis oder
                            neue Chimäre des Naturschutzes?, Das Gartenamt
                            1993, 653 (zit.: Strauss, Zum Sinn und Zweck
                            von Baumschutzverordnungen, Das Gartenamt
                            1993, 653 [_]).

Uhle, Arnd   Das Staatsziel "Umweltschutz" und das
                               Sozialstaatsprinzip im verfassungsrechtlichen
                               Vergleich, JuS 1996, 96 (zit.: Uhle, Das
                               Staatsziel "Umweltschutz", JuS 1996, 96 [_]).

Weitzel, Wolfgang   Der Geltungsbereich von Baumschutz-
                               verordnungen bzw. -satzungen - Zum Urteil des
                               OVG Münster NuR 1994, 253 und nunmehr des
                               BVerwG vom 16.6.1994,   NuR 1995, 16 (zit.:
                               Weitzel, Der Geltungsbereich von
                               Baumschutzverordnungen bzw. -satzungen,
                               NuR 1995, 16 [_]).

Wey, Klaus-Georg   Umweltpolitik in Deutschland, Kurze Geschichte
                               des Umweltschutzes in Deutschland seit 1900,
                               Opladen 1982 (zit.: Wey, Umweltpolitik in
                               Deutschland, S. _).

Witt, Siegfried de / Wolf, Robert
                               Echo: Kommunale Baumschutzsatzungen leben
                               weiter!, NZBau 2010, 493 (zit.: Witt/Wolf,
                               Kommunale Baumschutzsatzungen leben
                               weiter, NZBau 2010, 493 [_]).

Zundel, Rolf   Regelungen zum Schutzes des Baumbestandes,
                               Recht der Landwirtschaft 1982, 85 (zit.: Zundel,
                               Regelungen zum Schutz des Baumbestandes,
                               RdL 1982, 85 [_]).

B. Abkürzungsverzeichnis

Abs. .... Absatz

a.F. .... alte Fassung

AFZ-Der Wald .... Allgemeine Forstzeitschrift - Der Wald (Zeitschrift)

BauGB .... Baugesetzbuch

BauO NW .... Bauordnung Nordrhein-Westfalen

BayVBl. .... Bayerische Verwaltungsblätter (Zeitschrift)

Beschl. .... Beschluss

BGB .... Bürgerliches Gesetzbuch

BGBl. .... Bundesgesetzblatt

BNatSchG .... Bundesnaturschutzgesetz

BNatSchGNeuregG .... Gesetz zur Neuregelung des Rechts des Naturschutzes und der Landschaftspflege und zur Anpassung anderer Rechtsvorschriften

BRD .... Bundesrepublik Deutschland

BT-Drs. .... Bundestagsdrucksache

BVerfGE .... Amtliche Sammlung der Entscheidungen des Bundesverfassungsgerichts

BVerwG .... Bundesverwaltungsgericht

BVerwGE .... Amtliche Sammlung der Entscheidungen des Bundesverwaltungsgerichts

bzw. .... beziehungsweise

ca. .... circa

DDR .... Deutsche Demokratische Republik

DÖV .... Die Öffentliche Verwaltung (Zeitschrift)

DVBl. .... Deutsches Verwaltungsblatt (Zeitschrift)

DWW .... Deutsche Wohnungswirtschaft (Zeitschrift)

Einf. .... Einführung

evtl. .... eventuell

EWG .... Europäische Wirtschaftsgemeinschaft

f. .... folgende

ff. .... folgende

FFH-Richtlinie .... Fauna-Flora-Habitat-Richtlinie

FS .... Festschrift

GG .... Grundgesetz

ggf. .... gegebenenfalls

insb. .... insbesondere

i.R.d. .... im Rahmen der

i.S.d. .... im Sinne des

i.S.v. .... im Sinne von

i.V.m. .... in Verbindung mit

JuS .... Juristische Schulung (Zeitschrift)

LG NW .... Landschaftsgesetz Nordrhein-Westfalen

Lit. .... Literatur

NachbG NW .... Nachbarrechtsgesetz Nordrhein-Westfalen

n.F. .... neue Fassung

NJW .... Neue Juristische Wochenschrift (Zeitschrift)

Nr. .... Nummer

NRW .... Nordrhein-Westfalen

NuR .... Natur und Recht (Zeitschrift)

NVwZ .... Neue Zeitschrift für Verwaltungsrecht (Zeitschrift)

NWVBl. .... Nordrhein-Westfälische Verwaltungsblätter (Zeitschrift)

NZBau .... Neue Zeitschrift für Baurecht (Zeitschrift)

OLG .... Oberlandesgericht

OVG NW .... Oberverwaltungsgericht für das Land Nordrhein-Westfalen

OWiG .... Gesetz über Ordnungswidrigkeiten

RdL .... Recht der Landwirtschaft (Zeitschrift)

Reichsgesetzbl. .... Reichsgesetzblatt

Rn. .... Randnummer

RNG .... Reichsnaturschutzgesetz

Rspr. .... Rechtsprechung

S. .... Seite

StGr. .... Städte- und Gemeinderat (Zeitschrift)

u. .... und

UPR .... Umwelt- und Planungsrecht (Zeitschrift)

Urt.	Urteil
v.	vom
VG	Verwaltungsgericht
VwVG	Verwaltungsvollstreckungsgesetz
vgl.	vergleiche
WRV	Verfassung des Deutschen Reichs vom 11.08.1919 (Weimarer Reichsverfassung)
z.B.	zum Beispiel
ZUR	Zeitschrift für Umweltrecht (Zeitschrift)

C. Ausarbeitung

Rechtsfragen des kommunalen Baumschutzes in Deutschland - insbesondere in Nordrhein-Westfalen

I. Einleitung

Der Baum ist das Bindeglied, das unsere Welt im Innersten zusammenhält.[1] Aus diesem Grund wird sich die vorliegende Arbeit eingehend mit dem Lebewesen Baum in Bezug auf rechtliche Regelungen, welche ihn einerseits schützen wollen, andererseits aber Beschränkungen der Bürger und Bürgerinnen[2] mit sich führen können, beschäftigen.

Weitgehend werden Rechtsfragen des kommunalen Baumschutzes in Deutschland behandelt, wobei näher auf die Umstände in Nordrhein-Westfalen eingegangen wird. In den anderen Bundesländern stellen sich zumeist gleiche oder ähnliche Fragen. Die wohl umfassendste Möglichkeit des Baumschutzes in der Kommune ist der Schutz durch eine Satzung. Dieser wird deshalb im Schwerpunkt begutachtet.

In ihrem Gesamtbild geht die Arbeit lediglich auf Bäume im privaten Besitz im Innenbereich einer Kommune ein. Die Ausführungen auch zu öffentlichen Bäumen, z.B. Straßenbäumen, und Bäumen im Außenbereich würden zu weit gehen und ließen einen tieferen Einblick in die Thematik des Schutzes privater Bäume aufgrund der Stoffmenge nicht zu. Gleiches gilt für Bäume, die als Naturdenkmal einem besonderem Schutz unterfallen.

Es wird aufgezeigt, ob und warum Baumschutz als Teil des Naturschutzes in der Kommune Beachtung finden muss und ob dieser durch Baumschutzsatzungen auszugestalten ist oder ob es aufgrund anderer Regelungen, z. B. bauplanerisch, einer solchen nicht bedarf, um einen umfassenden Schutz des Baumes in der Kommune gewährleisten zu können.

---

[1] *Gollwitzer*, Botschaft der Bäume, S. 82.
[2] Aus Gründen der Lesbarkeit und Einfachheit wird im Folgenden allein die maskuline Form gewählt. Gemeint ist jedoch stets die feminine und maskuline Form.

II. (Rechts)Geschichte des Natur- und Baumschutzes

Dargestellt wird, wie Baumschutz in der heutigen Zeit ausgestaltet ist. Dazu werden zuerst die historischen Anfänge und der Verlauf des Baumschutzes in der Geschichte nähergebracht. Besondere Beachtung erhalten die jeweiligen Gesetze bezüglich des Natur- und Baumschutzes.

1. Von der Natur zum Baumschutz

Um das Verständnis vom Baumschutz als Naturschutz zu prägen, soll, nach einer Einführung, der Weg von dem Begriff der Natur über den Naturschutz bis hin zu dem Baumschutz an sich erläutert werden.

a) Einführung

Baumverehrung war seit dem Ursprung menschlicher Kultur über die ganze Welt verbreitet.[3] Jahrhundertelang galt der Baum dem Menschen als schützend und nährend.[4] In allen Zeiten und Kulturkreisen finden sich Schilderungen eines kosmischen Baumes, der im Zentrum des Weltalls steht, von wo aus er Himmel, Erde und Unterwelt miteinander verbindet.[5] Zu Beginn des Naturschutzgedankens standen kulturelle und ästhetische Motive im Vordergrund; er beschränkte sich auf Einzelobjekte, wobei eine rechtliche Grundlage noch nicht existierte.[6] Sumerische Rollsiegel aus dem Jahr 4000 v. Chr. zeigen Menschen, die vor einem Baum knien, wobei dabei durch den Baum hindurch die göttliche Kraft, die er offenbarte, verehrt wurde.[7] Bei den vorchristlichen Germanen war die Ehrfurcht vor der Natur derart stark ausgeprägt, dass die Hege der Wälder gesetzlichen Schutz fand.[8] Die Markenweistümer, eine Art Landesgemeindeordnungen, verbaten allgemein den Hieb des „fruchtbaren Holzes".[9] Die Lehnsherrschaft verlangte von dem Lehnsnehmer einen strengen Wald- und Baumschutz.[10] Auf Baumfrevel und Waldzerstörung legten die Weistümer bereits im 16. und 17. Jahrhundert schwere Strafen.[11] Eine erste nachvollziehbare Baumschutzverordnung erließ

---

[3] *Gollwitzer*, Botschaft der Bäume, S. 133; *Buff*, Bäume im Bild, S. 7.
[4] *Gollwitzer*, Botschaft der Bäume, S. 133.
[5] *Gollwitzer*, Botschaft der Bäume, S. 8.
[6] *Kratsch/Schumacher*, Naturschutzrecht, S. 2.
[7] *Gollwitzer*, Botschaft der Bäume, S. 9.
[8] *Cornelius*, Reichsnaturschutzgesetz, S. 14.
[9] *Cornelius*, Reichsnaturschutzgesetz, S. 15.
[10] *Cornelius*, Reichsnaturschutzgesetz, S. 15.
[11] *Cornelius*, Reichsnaturschutzgesetz, S. 15.

1677 der Magistrat von Breslau.[12] Gegen Ende des 18. Jahrhunderts erfolgte größtenteils die Aufteilung der Markenwälder, wodurch auch die Markenweistümer ihre Bedeutung verloren.[13] In der Folgezeit nutzte der Einzelne seinen Besitz nach seinem persönlichen Vorteil, ohne Rücksicht auf die drohende Vernichtung der Natur.[14] Mit Beginn des 19. Jahrhunderts gab es sodann erste Ansätze von naturschutzmotivierten Regelungen.[15] Im Jahr 1836 fand die erste Unterschutzstellung eines Gebietes im Deutschen Reich statt, durch welche die Vulkanruine "Drachenfels" bei Bonn Schutz erlangte, um die Schönheit der Natur und Landschaft zu bewahren.[16]

b) Natur

Bevor der Naturschutz in seiner Form des Baumschutzes erörtert wird, ist dessen Grundlage, nämlich die Natur, zu beschreiben. Dies umso mehr, als der Schutz des Baumes sich grundlegend nach dem BNatSchG richtet, welches den Schutz der Natur zum Ziel hat.

Die Schwierigkeit, eine Definition der Natur zu finden, zeigt die These, welche Picht 1973 aufstellte: "Einen Begriff der Natur kann es nicht geben - aber es gibt ihn."[17] Dies hängt mit der seit jeher problematischen Definition des philosophischen Naturbegriffs zusammen.[18] Nichtsdestotrotz gab es in jeder Epoche Versuche, Natur zu definieren.

Die griechischen Philosophen zum Beispiel haben unter Natur "das All" verstanden, während die Bibel von der Natur als "die Schöpfung" spricht.[19] In der naturwissenschaftlichen Betrachtung gilt ein sehr weiter Naturbegriff. Er beinhaltet den Kosmos mit all seiner Materie und seinen Kräften, soweit sie nicht vom Menschen geschaffen sind.[20] Philosophisch versteht man Natur erst im Kontext eines Textes, wobei sie dann der Gegenbegriff eines anderen Wortes, z.B. Mensch oder Technik, ist.[21] Unter den rechtlichen Begriff fasst man die Gesamtheit der nicht von Menschen geschaffenen belebten und

---

[12] *Zundel*, Regelungen zum Schutz des Baumbestandes, RdL 1982, 85 [85].
[13] *Cornelius*, Reichsnaturschutzgesetz, S. 15.
[14] *Cornelius*, Reichsnaturschutzgesetz, S. 15.
[15] *Kratsch/Schumacher*, Naturschutzrecht, S. 1.
[16] *Lorz/Müller/Stöckel*, Naturschutzrecht, Anlage 1, Vorb., Rn. 4; *Kratsch/Schumacher*, Naturschutzrecht, S. 1.
[17] *Picht*, Der Begriff der Natur, S. 3; *Lersner*, Zum Rechtsbegriff der Natur, NUR 1999, 61 [61].
[18] *Lersner*, Zum Rechtsbegriff der Natur, NUR 1999, 61 [61].
[19] *Picht*, Der Begriff der Natur, S. 12.
[20] *Schumacher*, in: Schumacher/Fischer-Hüftle, BNatSchG, § 1, Rn. 5.
[21] *Schumacher*, in: Schumacher/Fischer-Hüftle, BNatSchG, § 1, Rn. 5.

unbelebten Erscheinungen, ausgenommen des Menschen, zusammen.[22] Nach der grundgesetzlichen Auffassung ist Natur alles, was nicht auf menschlicher Hervorbringung beruht.[23]

Es besteht also kein einheitlicher Begriff der Natur, so dass man über diesen in jedem Einzelfall zu entscheiden hat. Gemeinsam ist aber allen Definitionsversuchen, dass Natur niemals etwas vom Menschen geschaffenes darstellt. Natur ist vielmehr aus ihrer selbst heraus Natur.

c) Naturschutz

Die nun definierte Natur ist aufgrund ihrer ständigen Gefährdung durch den Menschen zu schützen. Naturschutz wird in der öffentlichen Wahrnehmung häufig auf den Schutz von seltenen oder vom Aussterben bedrohten Tier- und Pflanzenarten reduziert.[24] Dies kann hier aber nicht die Definition darstellen, da die Natur auf den Grundstücken der Bürger einer Kommune in den wenigsten Fällen seltener Art oder vom Aussterben bedroht ist. Trotzdem bedarf auch diese des Schutzes. Denn ohne sie würde sie nach und nach aus dem Bereich einer Kommune zugunsten weiterer Bebauung und Versiegelung von Grundstücken weichen. Ziel einer Kommune kann dies aber nicht sein, da durch eine Reduzierung der Natur eine Gefährdung ihrer selbst und der Gesundheit der Bürger einhergeht. Auch kann Natur nicht mehr zur Erholung der Bürger genutzt werden. Vielmehr müssen diese sich dann auf den wenigen verbleibenden begrünten Rückständen drängen bzw. weite Wege bis außerhalb der Kommune auf sich nehmen, um etwas von der Natur spüren zu können. Der § 1 Abs. 1 BNatSchG sagt dies ebenfalls aus. Danach ist Ziel des Naturschutzes und des Naturschutzrechts der ganzheitliche Schutz der Natur, was neben dem Schutz der Tier- und Pflanzenwelt einschließlich ihrer Lebensräume auch die Leistungsfähigkeit des gesamten Naturhaushaltes, die Nutzungsfähigkeit der Naturgüter und die Vielfalt, Eigenart und Schönheit der Landschaft einschließt.[25]

---

[22] *Schumacher*, in: Schumacher/Fischer-Hüftle, BNatSchG, § 1, Rn. 5; *Meßerschmidt/ Schumacher*, Bundesnaturschutzrecht, 99. Aktualisierung, § 1, Rn. 25; *Lersner*, Zum Rechtsbegriff der Natur, NUR 1999, 61 [63].
[23] *Murswiek*, in: Sachs, GG, Art. 20a, Rn. 28.
[24] *Kratsch/Schumacher*, Naturschutzrecht, S. 1.
[25] *Kratsch/Schumacher*, Naturschutzrecht, S. 1.

Deshalb ist Naturschutz ein Anliegen der Gesetzgebung und muss Ziel einer jeden Kommune sein.

d) Baumschutz

Aus den aufgezeigten Definitionen, wird deutlich, dass Baumschutz auch Naturschutz, der Baum also ein Teil der schützenswerten Natur ist.

In der frühen Atmosphäre der Erde gab es solange keinen Sauerstoff, bis die Bäume und die anderen Pflanzen ihn durch Fotosynthese erzeugten.[26] Erst dann konnte sich das Leben und damit später auch die Menschen entwickeln. Die Bedeutung von Bäumen ist in ästhetischer, biologischer und ökologischer Hinsicht unbestritten.[27] Bäume einer Kommune sind ein prägendes Element der Gestaltung, Gliederung und Belebung des Stadtbildes; sie steigern die Wohnqualität und fördern die Identifikation der Bürger mit ihrem Lebensraum.[28] Bäume beeinflussen das Klima einer Kommune positiv und verringern Luftverunreinigungen sowie Lärmwirkungen.[29] Ein Zustand, wie er z.B. im Iran anzutreffen war, wo Landwirte im Nahbereich einer Großstadt den Schatten der letzten Einzelbäume an erholungssuchende Ausflügler über das Wochenende verpachtet haben,[30] muss verhindert werden. Eine dahingehende Gefährdung besteht in deutschen Kommunen zwar nicht, jedoch kann dies als mahnendes Beispiel aufgefasst werden.

2. Rechtliche Entwicklung

Es gab also bereits in früheren Zeiten Versuche, die Natur vor den Eingriffen der Menschen zu schützen. Eine gesetzliche Grundlage findet sich jedoch erst ab dem Jahr 1919 in der Weimarer Reichsverfassung.

a) Weimarer Verfassung 1919

Nach dem ersten Weltkrieg nahm die Weimarer Republik 1919 den Schutz und die Pflege der Natur und der Landschaft in ihre Reichsverfassung auf. In Art. 150 Abs. 1 WRV heißt es: "Die Denkmäler der Kunst, der Geschichte und der Natur sowie die Landschaft genießen den Schutz und die Pflege des Staates." Aufgrund des Art. 150 Abs. 1 WRV erließen alle Länder, mit Ausnahme von

---

[26] *Gollwitzer*, Botschaft der Bäume, S. 84.
[27] *Zundel*, Regelungen zum Schutz des Baumbestandes, RdL 1982, 85 [85].
[28] *Otto*, Bedeutung und Anwendung von Baumschutzregelungen, RdL 1985, 113 [113].
[29] *Otto*, Bedeutung und Anwendung von Baumschutzregelungen, RdL 1985, 113 [113].
[30] *Zundel*, Regelungen zum Schutz des Baumbestandes, RdL 1982, 85 [85].

Thüringen, Gesetze oder Vorschriften über den Natur- und Heimatschutz.[31]
Seit dieser Zeit ist der Naturschutz als staatliche Aufgabe anerkannt.[32]
Insbesondere ist die Novellierung des Preußischen Feld- und
Forstpolizeigesetzes von 1880 im Jahre 1920 zu nennen, durch die in Preußen
die verbindliche Ausweisung von Naturschutzgebieten und der Erlass einer
Tier- und Pflanzenschutzverordnung ermöglicht wurde.[33] Mit Gesetz vom
29.07.1922 folgte das preußische Baumschutzgesetz, das "Gesetz zur Erhaltung
des Baumbestandes und der Erhaltung und Freigabe von Uferwegen im
Interesse der Volksgesundheit".[34] Der dort kodifizierte Baumschutz
beschränkte sich auf den Schutz der Baumbestände in Großstädten und deren
näherer Umgebung. Effektiv zur Anwendung gelangte er nur im Bereich des
Siedlungsverbands Ruhrkohlenbezirk und im Großraum Berlin.[35]
Die ersten gesetzlichen Regelungen zeigen, dass sich aufgrund der sozialen
Umwälzungen nach dem ersten Weltkrieg der Schwerpunkt des Naturschutzes
von rein ästhetischen Gesichtspunkten hin zum Schutz von Flächen zur
Erholung der Bevölkerung wandelte.[36] Ein eigenes Naturschutzgesetz fehlte
dennoch.[37]

b) Reichsnaturschutzgesetz

In den Jahren 1933 bis 1935 erließ das NS-Regime umfassende gesetzliche
Neuregelungen im Bereich des Natur- und Umweltschutzes. Das selbsterklärte
Staatsziel war das "schollengebundene, bodenverwurzelte Volk".[38] Das erste
einheitliche Naturschutzgesetz für das deutsche Staatsgebiet war das
Reichsnaturschutzgesetz (RNG) vom 26. Juni 1935.[39] Es nahm Vorarbeiten
des preußischen Kulturministeriums aus dem Jahre 1927 auf und stellte eine
naturschutzrechtliche Kodifikation dar, die, mit Ausnahme der Präambel und
den Eingangsbestimmungen, weitgehend frei von nationalsozialistischen

---

[31] *Kloepfer*, Umweltrecht, § 2, Rn. 54.
[32] *Kratsch/Schumacher*, Naturschutzrecht, S. 2.
[33] *Kloepfer*, Umweltrecht, § 2, Rn. 54.
[34] *Kloepfer*, Umweltrecht, § 2, Rn. 55; *Strauss*, Zum Sinn und Zweck von Baumschutzverordnungen, Das Gartenamt 1993, 653 [653].
[35] *Wey*, Umweltpolitik in Deutschland, S. 142; *Kloepfer*, Umweltrecht, § 2, Rn. 55.
[36] *Kratsch/Schumacher*, Naturschutzrecht, S. 2.
[37] *Kloepfer*, Umweltrecht, § 2, Rn. 56; *Kratsch/Schumacher*, Naturschutzrecht, S. 2.
[38] *Wey*, Umweltpolitik in Deutschland, S. 148; *Kloepfer*, Umweltrecht, § 2, Rn. 57.
[39] *Mrass*, Die Organisation des staatlichen Naturschutzes und der Landschaftspflege, S. 11ff.; *Kratsch/Schumacher*, Naturschutzrecht, S. 2; siehe auch Anhang I.

Gedankengut war.[40] Das Gesetz vereinheitlichte und verbesserte hauptsächlich die vorhandenen Rechtsgrundlagen bezüglich des Naturschutzes.[41] Als Ergebnis jahrelanger Arbeit leistete das RNG den Grundstein zu einer neuen Betrachtung der Natur.[42] Der Schutz des Baumes rückte vermehrt in die Betrachtung der Gesetzgeber. Als konkrete Auswirkung der Anwendung des RNG ist festzustellen, dass bis 1940 die Zahl der Naturdenkmäler auf 50.000 anstiegt.[43]

Der Schutz des RNG bezog sich zunächst auf Pflanzen und nicht-jagdbare Tiere, § 1 S. 2a RNG. Unter Pflanzen in diesem Sinne waren auch Holzgewächse, wie z.B. Bäume, zu fassen.[44] Zudem schützte § 1 S. 1b RNG (Naturdenkmale und ihre Umgebung) Baumgewächse. In § 3 RNG wird als Beispiel eines Naturdenkmals "alte oder seltene Bäume" angeführt. Unter "alte oder seltene Bäume" sind die unter dem Begriff des "Baumdenkmals" gefassten Holzgewächse zu verstehen.[45] Darunter fallende Baumgewächse waren aber nur schützenswert, wenn ihre Erhaltung wegen ihrer wissenschaftlichen, geschichtlichen, heimat- oder volkskundlichen Bedeutung oder wegen ihrer sonstigen Eigenart im öffentlichen Interesse lag.[46] Die Allgemeinheit musste also an der Erhaltung interessiert sein.[47]

Nach § 1 S. 2d und § 5 S. 1 RNG werden auch sonstige Landschaftsteile in der freien Natur unter den Schutz des Gesetzes gestellt, die den Voraussetzungen der § 3 RNG (Naturdenkmale) und § 4 RNG (Naturschutzgebiete) nicht entsprechen, jedoch zur Zierde und zur Belebung des Landschaftsbildes beitragen oder im Interesse der Tierwelt Erhaltung verdienen. Als Beispiele werden unter anderem Bäume sowie Baum- und Gebüschgruppen angeführt. Gemäß § 5 S. 2 RNG kann sich der Schutz auch darauf erstrecken, das Landschaftsbild vor verunstaltenden Eingriffen zu bewahren.

Erwähnenswert ist zudem, dass § 17 Abs. 1 RNG den Naturschutzbehörden und den Naturschutzstellen den Zutritt zu einem Grundstück zum Zwecke solcher Erhebungen gestattete, die der Ermittlung, Erforschung oder der

---

[40] *Kloepfer*, Umweltrecht, § 2, Rn. 58.
[41] *Gassner*, in: Gassner/Bendomir-Kahlo/Schmidt-Räntsch, BNatSchG, Einf., Rn. 14.
[42] *Cornelius*, Reichsnaturschutzgesetz, S. 55f.
[43] *Wey*, Umweltpolitik in Deutschland, S. 150.
[44] *Cornelius*, Reichsnaturschutzgesetz, S. 8.
[45] *Cornelius*, Reichsnaturschutzgesetz, S. 10f.
[46] *Cornelius*, Reichsnaturschutzgesetz, S. 11.
[47] *Cornelius*, Reichsnaturschutzgesetz, S. 11.

Erhaltung der im § 1 RNG genannten Gegenstände (unter anderem Pflanzen und Naturdenkmale) dienten. Dies zeigt, dass sich schon damals die Frage des Verhältnisses zwischen Privateigentum und Naturschutz stellte.

c) DDR ab 1954

In den ersten Jahren nach Kriegsende 1945 spielten Naturschutz und Landschaftspflege in der DDR eine eher untergeordnete Rolle, so dass die gesetzliche Grundlage weiterhin, wie auch in der BRD, das Reichsnaturschutzgesetz von 1935 blieb.[48]

1952 wurde im Ministerium für Land- und Forstwirtschaft eine Arbeitsgruppe zur Ausarbeitung eines neuen Naturschutzgesetzes gebildet.[49] Das neue Naturschutzgesetz der DDR sollte die als naturschutzfachlich richtig eingeschätzten Inhalte des Reichsnaturschutzgesetzes von 1935 aufgreifen, erweitern, faschistisches Gedankengut beseitigen und die Naturschutzarbeit den Vorgaben einer sozialistischen Gesellschaftsordnung anpassen.[50] Im Jahr 1954 nahm die Volkskammer der DDR das neue Naturschutzgesetz als "Gesetz zur Erhaltung und Pflege der heimatlichen Natur" an.[51] Die Präambel des Gesetzes lautete, „Der Schutz der Natur ist eine nationale Aufgabe". Dies nutzten aktive Naturschützer der DDR häufig als Legitimation für ihre Tätigkeit und als Argumentation gegen Widerstände .[52]

Im Jahr 1970 trat das Naturschutzgesetz der DDR mit Erlass des Landeskulturgesetzes außer Kraft.[53] 1982 wurde eine einheitlich geltende Verordnung über die Erhaltung, die Pflege und den Schutz der Bäume flächendeckend in Kraft gesetzt.[54] Durch das Umweltrahmengesetz vom 29.06.1990 übernahm die DDR, in Erfüllung ihrer vertraglichen Verpflichtungen aus dem 1. Staatsvertrag zwischen BRD und DDR vom 18.05.1990, das BNatSchG und andere wesentliche umweltrechtliche Vorschriften der BRD.[55] Der herrschenden Meinung folgend, gilt damit die "Verordnung über die Erhaltung, die Pflege und den Schutz der Bäume" wegen

---

[48] *Bauer*, in: Beiträge zur Geschichte des Naturschutzes, S. 47.
[49] *Bauer*, in: Beiträge zur Geschichte des Naturschutzes, S. 50.
[50] *Bauer*, in: Beiträge zur Geschichte des Naturschutzes, S. 50.
[51] *Bauer*, in: Beiträge zur Geschichte des Naturschutzes, S. 51.
[52] *Bauer*, in: Beiträge zur Geschichte des Naturschutzes, S. 51.
[53] *Kratsch/Schumacher*, Naturschutzrecht, S. 2.
[54] *Günther*, Rechtsprobleme des kommunalen Baumschutzes, S. 26f.
[55] *Cassens*, in: Hübler/Cassens, Naturschutz in den neuen Bundesländern, S. 97; *Kratsch/Schumacher*, Naturschutzrecht, S. 2.

der insoweit fehlenden Geltungsanordnung in Art. 6, § 3 Abs. 1 Umweltrahmengesetz und wegen des Fehlens einer sie tragenden gesetzlichen Ermächtigung nicht weiter.[56]

Durch den Einigungsvertrag vom 31.08.1990 ist auch das Umweltrahmengesetz gegenstandslos geworden, da ab dem Zeitpunkt der Herstellung der Deutschen Einheit am 03.10.1990 das Recht der BRD auf dem Gebiet der ehemaligen DDR Gültigkeit erlangte.[57]

d) Bundesnaturschutzgesetz ab 1976

Für die deutsche Naturschutzgesetzgebung war nach dem zweiten Weltkrieg das Reichsnaturschutzgesetz der wesentliche Anknüpfungspunkt.[58] Zudem entwickelte sich stetig eine eigenständige Umweltpolitik, die mit dem Umweltprogramm der Bundesregierung vom 21.09.1971 den für das heutige Umweltrecht wohl entscheidenden Verrechtlichungsschub einleitete.[59]

Mit Gesetz vom 20.12.1976 wurde das Bundesnaturschutzgesetz in der BRD erlassen. Es regelte in seinem vierten Abschnitt den Schutz, die Pflege und die Entwicklung bestimmter Teile von Natur und Landschaft. Dabei ermächtigte der Bundesgesetzgeber die Länder in einem gewissen Rahmen, Vorschriften zum Schutz von Natur und Landschaft zu erlassen. Dieser Rahmen ist von allen Landesgesetzen über Natur- und Landschaftsschutz entweder durch Verordnungsermächtigung an die unteren Naturschutz- und Landschaftsschutzbehörden oder durch Satzungsermächtigung an die Gemeinden ausgefüllt worden.[60] Nach mehrmaligen Änderungen erfuhr das BNatSchG 1998 eine weitere wesentliche Änderungen unter anderem durch die Einführung der Bestimmungen der Vogelschutzrichtlinie (79/409/EWG) und der FFH-Richtlinie (92/43/EWG).[61] Auf der Grundlage der Koalitionsvereinbarung der Regierungsparteien für die 14. Legislaturperiode ist das BNatSchG mit dem Ziel überarbeitet worden, die natürlichen Lebensgrundlagen auch für die nachkommenden Generationen zu sichern und

---

[56] *Schink*, Baumschutzsatzungen und -verordnungen, DÖV 1991, 7 [8]; *Günther*, Rechtsprobleme des kommunalen Baumschutzes, S. 27.

[57] *Kratsch/Schumacher*, Naturschutzrecht, S. 3.

[58] *Gassner*, in: Gassner/Bendomir-Kahlo/Schmidt-Räntsch, BNatSchG, Einf, Rn. 14.

[59] *Kloepfer*, Umweltrecht, § 2, Rn. 77.

[60] *Bartholomäi*, Baumschutzsatzungen und Baumschutzverordnungen, UPR 1988, 241 [241].

[61] BGBl. I S. 823 u. 2481; Neufassung des BNatSchG v. 21.09.1998, BGBl. I S. 2994; *Kratsch/Schumacher*, Naturschutzrecht, S. 3.

den gewandelten Anforderungen des Naturschutzes Rechnung zu tragen.[62] Da weite Teile des BNatSchG noch aus dem Jahr 1976 stammten, erfolgte eine umfassende Gesamtnovellierung des Gesetzes.[63] Diese Novellierung des BNatSchG a.F. durch das BNatSchGNeuregG vom 25.03.2002 galt seit dem 04.04.2002.[64] Durch das BNatSchGNeuregG ist unter anderem § 18 BNatSchG a.F., welcher bereits Bäume als Beispiele für geschützte Landschaftsbestandteile anführte, unwesentlich geändert und als § 29 BNatSchG in das BNatSchG2002 eingeführt worden.

e) Bundesnaturschutzgesetz 2010

Am 19. Juni 2009 beschloss der Deutsche Bundestag ein neues BNatSchG. Mit diesem am 01. März 2010 in Kraft getretenem Gesetz will der Bundesgesetzgeber zu dem Ziel einer bundesweiten Rechtsvereinheitlichung im Bereich des Naturschutzrechts gelangen.[65]

Das BNatSchG in seiner Fassung von 2010 stellt im Wesentlichen das BNatSchG a.F. und Teile des bisherigen Landesrecht in der Gestalt einer bundesrechtlichen Vollregelung dar, was aufgrund der Föderalismusreform möglich wurde.[66] In seinen Kernelementen orientiert sich der Gesetzentwurf an der Struktur und den Regelungen des im Jahr 2002 umfassend novellierten BNatSchG, wobei das Ziel der Novelle die Sicherung der natürlichen Lebensgrundlagen einschließlich der biologischen Vielfalt auch für die kommenden Generationen ist.[67] Die in § 14 Abs. 1 BNatSchG niedergelegte Legaldefinition der naturschutzrechtlichen Eingriffsregelung verfolgt das Ziel, der Inanspruchnahme von Natur und Landschaft durch raumbeanspruchende Vorhaben unterschiedlichster Art entgegenzuwirken.[68] Inhaltlich besagt die Eingriffsregelung, dass der Verursacher eines erheblichen Eingriffs in Natur und Landschaft zur Vermeidung vermeidbarer sowie zur Kompensation

---

[62] BT-Drs. 14/6378, S. 28; *Kratsch/Schumacher*, Naturschutzrecht, S. 3; *Schumacher*, in: Schumacher/Fischer-Hüftle, BNatSchG, Einf., Rn. 8.

[63] *Schumacher*, in: Schumacher/Fischer-Hüftle, BNatSchG, Einf., Rn. 8.

[64] *Kratsch/Schumacher*, Naturschutzrecht, S. 3.

[65] *Berghoff/Steg*, Das neue Bundesnaturschutzgesetz, NuR 2010, 17 [17].

[66] *Becker*, Das neue Umweltrecht 2010, S. 105, Rn. 278.

[67] BT-Drs. 16/12274, S. 39; *Scheidler*, Die naturschutzrechtliche Eingriffsregelung im BNatSchG 2010, UPR 2010, 134 [135].

[68] Vgl. BT-Drs. 7/5251, S. 3; *Scheidler*, Die naturschutzrechtliche Eingriffsregelung im BNatSchG 2010, UPR 2010, 134 [135].

unvermeidbarer Beeinträchtigungen verpflichtet ist, womit sie eine typische Ausprägung des umweltrechtlichen Verursacherprinzips darstellt.[69]

3. Zusammenfassung

Baumschutz ist also seit jeher ein wichtiges Anliegen des Menschen. Auch rechtlich finden sich in der Geschichte bereits früh erste Anzeichen, dass Bäume schützenswert sind und ein sorgloser Umgang mit ihnen nicht geduldet wird. Umbrüchen in der deutschen Geschichte hat der Baumschutz getrotzt, so dass nun, mit dem BNatSchG 2010, der diesbezüglichen Änderung des Landschaftsgesetzes NRW und einschlägigen untergesetzlichen Regelungen bzw. Satzungen, der Baum als wichtiges ökologisches Fundament große Beachtung findet.

III. Rechtliche Grundlagen des heutigen Naturschutzes

Im Folgenden werden die rechtlichen Grundlagen des Naturschutzes aufgezeigt. Eingegangen wird insbesondere auf die Normen, die für den Baumschutz relevant sind und ihn zur kommunalen Aufgabe machen.

1. Grundgesetz

Zuerst wird das Grundgesetz hinsichtlich naturschutzrechtlicher, insbesondere baumschutzrechtlicher, Normen untersucht.

a) Schutz der natürlichen Lebensgrundlagen

Mit Beginn der 70er Jahre sind immer wieder Forderungen laut geworden, den Umweltschutz in das Grundgesetz aufzunehmen.[70]

Art. 20a GG a.F. wurde durch Gesetz vom 27.10.1994 um des Schutzes der natürlichen Lebensgrundlagen willen in das Grundgesetz eingefügt.[71] Er beinhaltete zunächst lediglich den Schutz der natürlichen Lebensgrundlagen und kann als Nachfolger des Art. 150 WRV bezeichnet werden.[72] In Art. 20a GG n.F. heißt es nun: "Der Staat schützt auch in Verantwortung für die künftigen Generationen die natürlichen Lebensgrundlagen und die Tiere im Rahmen der verfassungsmäßigen Ordnung durch die Gesetzgebung und nach Maßgabe von Gesetz und Recht durch die vollziehende Gewalt und die

---

[69] *Scheidler*, Die naturschutzrechtliche Eingriffsregelung im BNatSchG 2010, UPR 2010, 134 [135].
[70] *Murswiek*, in: Sachs, GG, Art. 20a, Rn. 2.
[71] *Hömig*, in: Hömig, GG, Art. 20a, Rn. 1.
[72] *Jarass*, in: Jarass/Pieroth, GG, Art. 20a, Rn. 1.

Rechtsprechung." Aufzuzeigen ist nunmehr, ob Bäume unter die natürlichen Lebensgrundlagen des Art. 20a GG zu fassen sind und was die Ausgestaltung des Art. 20a GG als Staatszielbestimmung dahingehend bedeutet.

aa) Natürliche Lebensgrundlagen

"Natürliche Lebensgrundlagen" stellt die gesamte natürliche Umwelt des Menschen dar.[73]

Der Begriff Umwelt wird verschieden, und zwar extensiv und restriktiv, definiert. Nach dem extensiven Verständnis ist Umwelt die gesamte Umgebung einschließlich der Mitmenschen und aller sozialen, kulturellen und politischen Einrichtungen.[74] Der restriktive Umweltbegriff beschränkt sich demgegenüber auf die natürlichen Lebensgrundlagen des Menschen, namentlich die Umweltmedien Boden, Luft und Wasser, die Biosphäre und deren Beziehungen untereinander sowie zu den Menschen.[75] Dieser Umweltbegriff liegt Art. 20a GG zugrunde.[76]

Ein Baum ist eine mehrjährige Pflanze, welche Wurzeln, einen aufrechten, verholzten Stamm und Äste besitzt.[77] Pflanzen gehören nach beiden Umweltbegriffen zu der Umwelt des Menschen, da diese sich in der menschlichen Umgebung befinden und ein Umweltmedium darstellen.

Art. 20a GG schützt zwar nicht einzelne Pflanzen, sondern Gattungen und ökologische Funktionen.[78] Da Pflanzen und damit auch Bäume aber als Gattungsbegriff zu verstehen ist, gehören sie zu der Umwelt, also den natürlichen Lebensgrundlagen des Menschen, und genießen den Schutz des Art. 20a GG.

bb) Staatszielbestimmung

Das Umweltschutzprinzip des Art. 20a GG ist als Staatszielbestimmung ausgestaltet.[79] Staatszielbestimmungen sind Verfassungsnormen mit rechtlich bindender Wirkung, die der Staatstätigkeit die fortdauernde Beachtung oder

---

[73] *Jarass*, in: Jarass/Pieroth, GG, Art. 20a, Rn. 3.
[74] *Kloepfer*, Umweltrecht, § 1, Rn. 15; *Schmidt/Kahl*, Umweltrecht, § 1, Rn. 16.
[75] *Kloepfer*, Umweltrecht, § 1, Rn. 16; *Schmidt/Kahl*, Umweltrecht, § 1, Rn. 16.
[76] *Murswiek*, in: Sachs, GG, Art. 20a, Rn. 27; *Jarass*, in: Jarass/Pieroth, GG, Art. 20a, Rn. 3; *Schmidt/Kahl*, Umweltrecht, § 1, Rn. 16.
[77] *Buff*, Bäume im Bild, S. 6.
[78] *Jarass*, in: Jarass/Pieroth, GG, Art. 20a, Rn. 3.
[79] *Kloepfer*, Umweltrecht, § 3, Rn. 5, 9.

Erfüllung bestimmter Aufgaben vorschreiben.[80] Art. 20a GG stellt eine objektivrechtlich wirkende, zu fortdauernder Beachtung und Wahrung des Umwelt- und Tierschutzauftrags verpflichtende, Staatszielbestimmung dar.[81] Der Artikel gewährt kein subjektiv-öffentliches Recht.[82] Allein aufgrund seiner Wirkung können daher bestimmte Umweltentscheidungen nicht eingeklagt oder konkrete Leistungsansprüche abgeleitet werden.[83]

Allerdings können, aufgrund anderer subjektiver Rechte, bereits bestehende Klagebefugnisse durch Art. 20a GG in ihrer Reichweiter erweitert werden.[84] Ebenso können durch die Norm Grundrechte verstärkt werden, indem der Schutz der natürlichen Lebensgrundlagen bei der verfassungsrechtlichen Beurteilung zu berücksichtigen ist. [85]

Insgesamt kann also gesagt werden, dass mit Art. 20a GG der Umweltschutz Eingang in das Grundgesetz gefunden hat. Um jedoch die Umwelt, insbesondere Bäume schützen zu können, bedarf es weiterer, konkretisierender Normen.

b) Selbstverwaltungsrecht

Der Art. 28 Abs. 2 GG beinhaltet das Selbstverwaltungsrecht der Gemeinden.[86] Satz 1 der Norm gewährleistet das Recht der Gemeinden, alle Angelegenheiten der örtlichen Gemeinschaft im Rahmen der Gesetze in eigener Verantwortung zu regeln. Angelegenheiten der örtlichen Gemeinschaft sind diejenigen Bedürfnisse und Interessen, die in der örtlichen Gemeinschaft wurzeln oder auf sie einen spezifischen Bezug haben.[87] Hierzu gehört auch die Förderung der Umwelt.[88]

Mit einer Baumschutzsatzung sollen die Bäume der Kommune als Teil der Umwelt geschützt werden. Durch den Erlass oder die Aufhebung einer solchen Satzung regelt die Kommune die Bedürfnisse und Interessen ihrer Bürger,

---

[80] *Murswiek*, in: Sachs, GG, Art. 20a, Rn. 13.

[81] *Hömig*, in: Hömig, GG, Art. 20a, Rn. 3.

[82] BVerwG, Beschl.v.19.12.1997 - 8 B 234/97, NVwZ 1998, 1080 [1081]; *Murswiek*, in: Sachs, GG, Art. 20a, Rn. 73; *Kloepfer*, Umweltrecht, § 3, Rn. 9; *Jarass*, in: Jarass/Pieroth, GG, Art. 20a, Rn. 2.

[83] *Kloepfer*, Umweltrecht, § 3, Rn. 9.

[84] *Murswiek*, in: Sachs, GG, Art. 20a, Rn. 74.

[85] *Jarass*, in: Jarass/Pieroth, GG, Art. 20a, Rn. 2, 17; *Kloepfer*, Umweltrecht, § 3, Rn. 57; *Uhle*, Das Staatsziel "Umweltschutz", JuS 1996, 96 [99].

[86] *Conrady*, Angelegenheiten der örtlichen Gemeinschaft, DVBl 1970, 408 [408].

[87] Vgl. BVerfGE 8, 122 [134]; BVerfGE 50, 195 [201]; BVerfGE 52, 95 [120]; *Nierhaus*, in: Sachs, GG, Art. 28, Rn. 46.

[88] BVerwGE 84, 236 [239f.]; *Pieroth*, in: Jarass/Pieroth, GG, Art. 28, Rn. 13a.

indem diese jeweils auf die örtlichen Gegebenheiten eingeht. Der Erlass einer kommunalen Baumschutzsatzung ist damit ein Teil der kommunalen Selbstverwaltung nach Art. 28 Abs. 2 S. 1 GG.

c) Konkurrierende Gesetzgebung

Naturschutz und Landschaftspflege standen bis 2006 in der Rahmengesetzgebungskompetenz des Bundes. Auch nach dem Inkrafttreten der Föderalismusreform I am 01.09.2006 richtet sich die Zuständigkeit für die Gesetzgebung im Bereich des Umweltschutzes nach den Art. 70 ff. GG. Der Großteil der zuvor in Art. 75 GG a.F. als Rahmengesetzgebungskompetenz ausgestalteten Titel wurde in die konkurrierende Gesetzgebung des Art. 74 GG überführt.[89] Der Naturschutz und die Landschaftspflege finden sich in Art. 74 Abs. 1 Nr. 29 GG wieder. Als Ausgleich für die Überführung der Rahmengesetzgebung in die konkurrierende Gesetzgebung sowie den Wegfall der Erforderlichkeit nach Art. 72 Abs. 2 GG wurde in Art. 72 Abs. 3 GG zugunsten der Länder die Möglichkeit zur Abweichungsgesetzgebung geschaffen.[90] Die Gesetzgebungskompetenz für den Naturschutz und die Landschaftspflege liegt nun gemäß Art. 74 Abs. 1 Nr. 29, Art. 72 Abs. 3 Nr. 2 GG bei dem Bund.

Zusammenfassend bedeutet dies also, dass für die durch das BNatSchG[91] erschöpfend geregelten Bereiche die Landesgesetze nicht mehr gelten und in den nicht erschöpfend geregelten Bereichen die Landesgesetze weiterhin Anwendung finden.[92]

2. Bundesnaturschutzgesetz

Im Folgenden werden die für den Baumschutz bedeutenden Normen des BNatSchG aufgezeigt. Eingegangen wird insbesondere auf die Fragestellung, ob durch die Novellierung des Naturschutzrechtes kommunale Baumschutzsatzungen, welche Eingriffe in den geschützten Baumbestand innerhalb des Gemeindegebietes verbieten und gegebenenfalls Ausgleichs-

---

[89] *Becker*, Das neue Umweltrecht 2010, S. 4, Rn. 8; *Schmidt/Kahl*, Umweltrecht, § 2, Rn. 42; *Kloepfer*, Umweltschutzrecht, § 2, Rn. 28.
[90] *Schmidt/Kahl*, Umweltrecht, § 2, Rn. 42.
[91] Wenn im Folgenden das BNatSchG genannt wird, bezieht sich dies immer auf das Gesetz in der Fassung vom 01.03.2010.
[92] *Berghoff/Steg*, Das neue Bundesnaturschutzgesetz, NuR 2010, 17 [19].

oder Ersatzmaßnahmen vorschreiben, obsolet geworden sind.[93] Dies wird darin begründet, dass die Änderungen aufgrund der Föderalismusreform von 2006 eine erweitere Regelungsreichweite des BNatSchG mit sich bringt.

a) Ziele des Naturschutzes und der Landschaftspflege

Der neue § 1 BNatSchG löst die rahmenrechtliche Zielbestimmung des § 1 BNatSchG a.F. ab und formt sie zu einer unmittelbar geltenden Vorschrift um.[94] Natur und Landschaft sind danach aufgrund ihres eigenen Wertes und als Grundlage für Leben und Gesundheit des Menschen auch in Verantwortung für die künftigen Generationen zu schützen.

In ökozentrischer Hinsicht stellt § 1 Abs. 1 BNatSchG klar, dass Natur und Landschaft nicht allein als Lebensgrundlagen des Menschen, sondern auf Grund ihres eigenen Wertes zu schützen sind.[95] In anthropozentrischer Hinsicht erkennt § 1 Abs. 1 BNatSchG weiterhin an, dass Natur und Landschaft auch dem Menschen dienen.[96] Wie bereits erläutert, fallen Bäume unter die Begriffe Natur und Landschaft, so dass diese von dem aufgezeigten Schutzbereich des Art. 1 Abs. 1 BNatSchG erfasst werden und aus ökozentrischen und anthropozentrischen Gesichtspunkten zu schützen sind.

b) Eingriffe in Natur und Landschaft

Durch das Fällen oder Verändern eines Baumes könnte in die Natur und die Landschaft nach § 14 Abs. 1 BNatSchG eingegriffen werden. § 14 Abs. 1 BNatSchG ist wortgleich zu dem § 18 Abs. 1 BNatSchG a.F., welcher den Begriff des Eingriffs in Natur und Landschaft definierte. Danach sind Eingriffe in Natur und Landschaft "Veränderungen der Gestalt oder Nutzung von Grundflächen oder Veränderungen des mit der belebten Bodenschicht in Verbindung stehenden Grundwasserspiegels, die die Leistungs- und Funktionsfähigkeit des Naturhaushalts oder das Landschaftsbild erheblich beeinträchtigen können". Ein Eingriff setzt damit eine Veränderung der Gestalt oder Nutzung einer Grundfläche voraus.[97] Veränderung bedeutet die Herstellung eines Zustandes, der vom bisherigen abweicht und nicht der

---

[93] *Schröer*, Kommunale Baumschutzsatzungen vor dem Aus, NZBau 2010, 98 [99f.].
[94] vgl. BT-Drs. 16/12274, S. 50; *Meßerschmidt/Schumacher*, Bundesnaturschutzrecht, 99. Aktualisierung, § 1, Rn. 1.
[95] *Meßerschmidt/Schumacher*, Bundesnaturschutzrecht, 99. Aktualisierung, § 1, Rn. 34.
[96] *Meßerschmidt/Schumacher*, Bundesnaturschutzrecht, 99. Aktualisierung, § 1, Rn. 35.
[97] *Meßerschmidt/Schumacher*, Bundesnaturschutzrecht, 99. Aktualisierung, § 18, Rn. 7.

naturwüchsigen Entwicklung entspricht, wofür ein gezieltes, planmäßiges Handeln des Menschen vorausgesetzt wird.[98] Gemäß § 14 Abs. 1, Alt. 1 BNatSchG muss sich diese Veränderung auf Grundflächen und zwar auf deren Gestalt oder Nutzung beziehen. Die Gestalt einer Grundfläche umfasst auch Pflanzenbestände, wie Wald oder Einzelbäume.[99] Eine Nutzungsänderung liegt demgegenüber vor, wenn die bisher prägende Nutzungsart durch eine andere ersetzt wird.[100] Ein Eingriff liegt darüberhinaus, trotz der bestehenden Tatbestandsvoraussetzungen, erst vor, wenn durch die Handlung potentielle negative Auswirkungen auf Naturschutzbelange entstehen.

Während § 14 Abs. 1 BNatSchG lediglich der Definierung des Eingriffs in Natur und Landschaft dient, welcher hiernach bei der Veränderung oder Fällung eines Baumes vorliegt, richten sich die Vermeidungs- und Verursacherpflichten nach den §§ 13 und 15 BNatSchG.

c) Vermeidungs- und Verursacherpflicht

§ 13 BNatSchG ist als allgemeiner Grundsatz dem § 14 BNatSchG vorangestellt. Seiner neuen Fassung gemäß, sind erhebliche Beeinträchtigungen von Natur und Landschaft vom Verursacher vorrangig zu vermeiden. Nicht vermeidbare erhebliche Beeinträchtigungen sind durch Ausgleichs- oder Ersatzmaßnahmen oder, soweit dies nicht möglich ist, durch einen Ersatz in Geld zu kompensieren.

§ 15 Abs. 1 S. 1 BNatSchG besagt, dass der Verursacher eines Eingriffs verpflichtet ist, vermeidbare Beeinträchtigungen von Natur und Landschaft zu unterlassen.

Eine Auffassung dazu meint, dass in der Vermeidungspflicht des § 13 BNatSchG i.V.m. der Verursacherpflicht des § 15 BNatSchG, die allen Baumschutzsatzungen gemeine Erhaltungspflicht auf eine bundesgesetzliche Grundlage gestellt wird.[101] Zudem vertritt sie, dass § 15 Abs. 2 S. 1 BNatSchG mit seiner Gleichstellung von Ausgleichs- und Ersatzmaßnahmen gleichlautende Regelungen aus Baumschutzsatzungen ersetzt.[102] Nach dieser

---

[98] *Meßerschmidt/Schumacher*, Bundesnaturschutzrecht, 99. Aktualisierung, § 18, Rn. 8.
[99] *Meßerschmidt/Schumacher*, Bundesnaturschutzrecht, 99. Aktualisierung, § 18, Rn. 10.
[100] *Meßerschmidt/Schumacher*, Bundesnaturschutzrecht, 99. Aktualisierung, § 18, Rn. 14.
[101] *Schröer*, Kommunale Baumschutzsatzungen vor dem Aus, NZBau 2010, 98 [99].
[102] *Schröer*, Kommunale Baumschutzsatzungen, NZBau 2010, 98 [99].

Auffassung wäre kommunalen Baumschutzsatzungen die Grundlage entzogen und das Bundesrecht würde sie entbehrlich machen.

Dagegen wird überzeugend angeführt, dass die §§ 13 und 15 BNatSchG hinter den spezielleren §§ 22 und 29 BNatSchG, welche die geschützten Landschaftsbestandteile benennen, zurücktreten.[103] § 22 Abs. 1 S. 1 und 2, Abs. 2 i.V.m. § 29 Abs. 1 und Abs. 2 S. 2 BNatSchG besteht als Rechtsgrundlage der Regelungskompetenz für Baumschutzsatzungen fort. Kommunale Baumschutzsatzungen sind auch keine Konkretisierungen der Eingriffsregelung. § 29 BNatSchG a.F. stand in einem anderen Abschnitt als die Vorschriften zur Eingriffsregelung. Zudem haben Baumschutzsatzungen die Zielrichtung, im kommunalen Bereich Baumbestände zu schützen, während sie etwa Waldbestände gerade nicht unter Schutz stellen.[104] Hieraus wird deutlich, dass sie Aktivitäten erfassen, die in der Regel noch nicht unter die Eingriffsregelung fallen.[105]

Außerdem erfassen Baumschutzsatzungen Tatbestände gerade wiederum nicht, die klassischerweise unter die Definition des Eingriffs subsumierbar sind.[106] Unmittelbar bilden also die Satzung und die Eingriffsregelung zwei voneinander unabhängige Rechtskreise.[107] Die jetzt bundeseinheitlich geregelte Erhaltungspflicht und die Gleichstellung von Ausgleich und Ersatz berühren ebenfalls die Satzungen nicht, da sie sich in ihrem Anwendungsbereich nur bedingt überschneiden.[108] Mit § 15 BNatSchG besteht erstmals eine bundesrechtliche Norm, die unmittelbar geltend die Pflicht zur Ersatzzahlung bei unvermeidbaren und nicht kompensierbaren Eingriffen regelt. Beispielsweise mit § 19 BNatSchG a.F. gab es aber schon früher die Möglichkeit, durch Landesrecht eine Pflicht zu Ersatzzahlungen zu schaffen. Die entscheidende Neuerung durch die BNatSchG-Novelle, die im Bereich der Eingriffsregelung eingetreten ist, ist letztlich, dass die früheren rahmenrechtlichen Vorschriften nunmehr unmittelbar geltende sind, von denen

---

[103] So: *Bruns*, Kommunale Baumschutzsatzungen leben weiter, NZBau 2010, 232 [232].
[104] *Höreth-Marquardt/Wedekind*, Bäume - rechtliches Konfliktpotential in einer Großstadt?, DÖV 2001, 1034 [1034]; *Witt/Wolf*, Kommunale Baumschutzsatzungen leben weiter, NZBau 2010, 493 [494].
[105] *Witt/Wolf*, Kommunale Baumschutzsatzungen leben weiter, NZBau 2010, 493 [494].
[106] *Witt/Wolf*, Kommunale Baumschutzsatzungen leben weiter, NZBau 2010, 493 [494].
[107] *Witt/Wolf*, Kommunale Baumschutzsatzungen leben weiter, NZBau 2010, 493 [494].
[108] *Witt/Wolf*, Kommunale Baumschutzsatzungen leben weiter, NZBau 2010, 493 [494].

nur unter Wahrung des abweichungsfesten Grundsatzes des § 13 BNatSchG abgewichen werden kann.[109]

§§ 13 und 15 BNatSchG berühren somit die Geltung einer Baumschutzsatzung nicht. Vor allem sind sie durch die Neufassung des BNatSchG nicht entbehrlich geworden.

d) Naturdenkmäler

Einzelne Bäume können auch als besondere Einzelschöpfungen und damit von § 28 BNatSchG erfasste Naturdenkmäler geschützt werden. Dies kommt insbesondere bei Bäumen mit einem hohen Alter, mit Seltenheitswert, bei außergewöhnlichem Wuchs und aufgrund eines landschaftsprägendem Standortes in Betracht.[110]

e) Geschützte Landschaftsbestandteile

§ 29 BNatSchG regelt die geschützten Landschaftsbestandteile. Nach § 29 Abs. 1 S. 1 BNatSchG liegen solche erst vor, wenn deren besonderer Schutz für in Abs. 1 S. 1 Nr. 1 bis Nr. 4 BNatSchG genannten Gründe erforderlich ist. Bäume nennt § 29 Abs. 1 S. 2 BNatSchG ausdrücklich als geschützte Landschaftsbestandteile.

Die wohl wichtigste geschützte Fallgruppe ist die der Baumschutzsatzungen und -verordnungen.[111] Wie gesehen bildet § 29 Abs. 1 S. 2 BNatSchG die Rechtsgrundlage für ihren Erlass.[112]

Es muss gemäß § 29 Abs. 1 S. 1 BNatSchG stets eine Prüfung der Erforderlichkeit vorausgehen. Dies bedeutet, dass die Baumschutzsatzung unter Berücksichtigung der allgemeinen Ziele und Grundsätze des Naturschutzes tatsächlich schutzwürdig und schutzbedürftig sein muss.[113] Ist die Satzung in diesem Sinne für das Gemeinwohl erforderlich, so sind ihre Auswirkungen mit den übrigen Zielen des Naturschutzes und der Landschaftspflege und gegen die sonstigen Anforderungen der Allgemeinheit an Natur und Landschaft abzuwägen.[114]

---

[109] *Witt/Wolf*, Kommunale Baumschutzsatzungen leben weiter, NZBau 2010, 493 [494].
[110] *Meßerschmidt/Schumacher*, Bundesnaturschutzrecht, 99. Aktualisierung, § 28, Rn. 52.
[111] *Meßerschmidt/Schumacher*, Bundesnaturschutzrecht, 99. Aktualisierung, § 29, Rn. 18.
[112] *Meßerschmidt/Schumacher*, Bundesnaturschutzrecht, 99. Aktualisierung, § 29, Rn. 56; *Witt/Wolf*, Kommunale Baumschutzsatzungen leben weiter, NZBau 2010, 493 [493].
[113] *Meßerschmidt/Schumacher*, Bundesnaturschutzrecht, 99. Aktualisierung, § 26, Rn. 51.
[114] *Meßerschmidt/Schumacher*, Bundesnaturschutzrecht, 99. Aktualisierung, § 26, Rn. 52.

f) Allgemeiner Schutz

Nach § 39 Abs. 5 Nr. 2 S. 1 BNatSchG ist es verboten, Bäume außerhalb des Waldes, von Kurzumtriebsplantagen oder die auf gärtnerisch genutzten Grünflächen stehen, Hecken, lebende Zäune, Gebüsche und andere Gehölze in der Zeit vom 01. März bis zum 30. September abzuschneiden oder auf den Stock zu setzen; zulässig sind schonende Form- und Pflegeschnitte zur Beseitigung des Zuwachses der Pflanzen oder zur Gesunderhaltung von Bäumen.

Mit abschneiden oder auf den Stock setzen ist bei Bäumen entweder die Fällung oder der drastische Kronenschnitt gemeint.[115] In der Schonzeit sind diese Maßnahmen an den von § 39 BNatSchG erfassten Bäumen verboten.

§ 39 Abs. 5 S. 2 BNatSchG zeigt Fälle auf, in welchen die Verbote des § 39 Abs. 5 S. 1 BNatSchG nicht gelten. Wenn ein Baum innerhalb der Schutzfrist gefällt werden soll, § 39 Abs. 5 S. 1 Nr. 2 BNatSchG, ist ein Antrag bei der zuständigen Behörde mit einer Begründung und einem Ausgleichsvorschlag zu stellen. Das Verbot des § 39 Abs. 5 S. 1 Nr. 2 BNatSchG gilt sodann nicht, wenn die Maßnahme behördlich zugelassen wird, § 39 Abs. 5 S. 2 Nr. 2b) BNatSchG.

Die bundeseinheitliche Regelung hinsichtlich der Fäll- und Schnittverbote in einem Schutzzeitraum gemäß § 39 BNatSchG gilt seit dem 01.03.2010 und darf von den Landesgesetzen ausnahmslos nicht eingeschränkt werden.[116] Die Regelung beansprucht Geltung für alle Bäume, die außerhalb des Waldes oder gärtnerisch genutzten Grundflächen stehen.[117]

Die novellierte Form des § 39 BNatSchG führte zu Verständnis-schwierigkeiten unter Baumpflegern und Genehmigungsbehörden; zumeist wurde aber lediglich übersehen, dass die Vorschrift in erster Linie dem Schutz wild lebender Tiere und Pflanzen dient.[118] Dies unterstreicht auch die Überschrift des § 39 BNatSchG, welche lautet: "Allgemeiner Schutz wild lebender Tiere und Pflanzen".

Ein ministerieller Erlass in NRW vom 03.03.2010, bestätigt vom Bundesministerium für Umwelt, Naturschutz und Reaktorsicherheit, enthält die

---

[115] *Breloer*, Baum- und Gehölzpflege nach dem neuen BNatSchG, AFZ-Der Wald 2010, 17 [17].
[116] *Breloer*, Baum- und Gehölzpflege nach dem neuen BNatSchG, AFZ-Der Wald 2010, 17 [17].
[117] *Breloer*, Baum- und Gehölzpflege nach dem neuen BNatSchG, AFZ-Der Wald 2010, 17 [17].
[118] *Breloer*, Baum- und Gehölzpflege nach dem neuen BNatSchG, AFZ-Der Wald 2010, 17 [17].

Klarstellung, dass der Begriff "gärtnerisch genutzte Grundflächen" entsprechend dem Pflanzenschutzrecht auszulegen ist, so dass auch Bäume in Haus- und Kleingärten nicht unter das zeitlich befristete Fällverbot fallen.[119] Damit ist die überwiegende Zahl der Bäume außerhalb des Waldes von vornherein nicht von den Fäll- und Schnittverboten des § 39 BNatSchG betroffen.

Demgegenüber sind von § 39 BNatSchG insbesondere alle Bäume und Alleen an Straßen sowie Bäume in der freien Landschaft erfasst, die sich nicht auf gärtnerisch genutzten Grundflächen befinden.[120]

Aber auch an Bäumen in Gärten und Grünanlagen, die nicht von den Verboten des § 39 BNatSchG erfasst sind, dürfen weder Fällungen noch drastische Kronenrückschnitte vorgenommen werden, wenn die Bäume unter einer Baumschutzsatzung stehen und die Fällung daher genehmigungspflichtig wäre.[121] Ohne Baumschutzsatzung ist die Fällung verboten, wenn sich in den Bäumen Lebensstätten wild lebender Tierarten befinden.[122] Vor jeder Fällung sind die Bäume deshalb stets daraufhin zu untersuchen, ob sie als Brut- und Nistplätze geschützter Arten dienen, denn dann bedarf es der Genehmigung durch die zuständige Naturschutzbehörde.[123]

Baumfällungen ohne Beachtung der Vorschriften des § 39 BNatSchG, der in Abs. 7 ausdrücklich auf weitere Schutzvorschriften einschließlich der Bestimmungen über Ausnahmen und Befreiungen verweist, stellen Ordnungswidrigkeiten dar, die mit bis zu 10.000 € geahndet werden können, § 69 BNatSchG.[124]

3. Landschaftsgesetz NW

Landesrechtlich für den Baumschutz einschlägig ist das "Gesetz zur Sicherung des Naturhaushalts und zur Entwicklung der Landschaft" (Landschaftsgesetz - LG) in der Fassung der Bekanntmachung vom 21. Juli 2000 (GV. NRW. S. 568). Das LG wurde zuletzt geändert durch Artikel 1 des Gesetzes zur Änderung des Landschaftsgesetzes und des Landesforstgesetzes,

---

[119] *Breloer*, Baum- und Gehölzpflege nach dem neuen BNatSchG, AFZ-Der Wald 2010, 17 [17].
[120] *Breloer*, Baum- und Gehölzpflege nach dem neuen BNatSchG, AFZ-Der Wald 2010, 17 [17].
[121] *Breloer*, Baum- und Gehölzpflege nach dem neuen BNatSchG, AFZ-Der Wald 2010, 17 [17].
[122] *Breloer*, Baum- und Gehölzpflege nach dem neuen BNatSchG, AFZ-Der Wald 2010, 17 [17].
[123] *Breloer*, Baum- und Gehölzpflege nach dem neuen BNatSchG, AFZ-Der Wald 2010, 17 [17].
[124] *Breloer*, Baum- und Gehölzpflege nach dem neuen BNatSchG, AFZ-Der Wald 2010, 17 [19].

des Landeswassergesetzes und des Gesetzes über die Umweltverträglichkeitsprüfung in Nordrhein-Westfalen vom 16.03.2010 (GV. NRW. S. 185), welches die Novellierung des BNatSchG in Landesrecht umsetzte.

In dem LG findet sich der Baumschutz in dem BNatSchG entsprechenden Paragraphen wieder. Unter anderem sind § 4 LG (Eingriffe in Natur und Landschaft), § 4a LG (Kompensationsmaßnahmen) und § 5 LG (Ersatzgeld) die entsprechenden Vorschriften des Lands zu §§ 14 und 15 BNatSchG.

Auch als Naturdenkmäler geschützte Bäume finden in dem LG NW Beachtung. § 22 LG NW entspricht inhaltlich im Wesentlichen dem § 29 BNatSchG. Der Schutz des Naturdenkmals kann mit einem Natur- oder Landschaftsschutzgebiet verbunden werden.[125] Naturdenkmäler unterliegen einem absoluten Veränderungsverbot; sie sollen also genau so erhalten bleiben, wie sie sind.[126]

§ 23 LG NW nimmt sich der geschützten Landschaftsbestandteile an. Auch diese Norm stimmt mit dem entsprechenden § 29 BNatSchG im Wesentlichen überein. Ein Baum als Einzelobjekt oder mehre Bäume als Objektgruppen kommen auch hier als Schutzgegenstand in Betracht.[127]

Das LG NW enthält in § 45 eine Rechtsgrundlage für Baumschutzsatzungen, die auf § 29 BNatSchG basiert. Gemäß § 45 LG NW können die Gemeinden durch Satzung den Schutz des Baumbestandes innerhalb der im Zusammenhang bebauten Ortsteile und des Geltungsbereichs der Bebauungspläne regeln. Den Gemeinden steht also im Rahmen der weisungsfreien, gemeindlichen Selbstverwaltung die Entscheidung frei, ob sie eine Baumschutzsatzung erlassen wollen oder nicht.[128]

Die Satzungen beziehen sich nur auf den Innenbereich, während im Außenbereich der Schutz des Baumbestandes ausschließlich durch Festsetzungen von Naturdenkmälern oder geschützten Landschafts-bestandteilen in Landschaftsplänen bzw. mittels Naturschutzverordnungen

---

[125] *Stollmann/Kämper*, LG NW, § 22, Rn. 1.
[126] *Stollmann/Kämper*, LG NW, § 22, Rn. 4.
[127] *Stollmann/Kämper*, LG NW, § 23, Rn. 2.1.
[128] *Kunz*, Schutz, Pflege und Erhaltung des Baumbestandes, DÖV 1987, 16 [16];*Günther*, Rechtsprobleme des kommunalen Baumschutzes, S. 36.

erreicht werden kann.[129] Hierfür sind die Kreise und kreisfreien Städte als unter Landschaftsbehörden gemäß § 8 Abs. 1 S. 3, Abs. 3, § 16 Abs. 2 LG NW zuständig. Im Rahmen der ordnungsbehördlichen Verordnung kann gemäß § 42a Abs. 1 LG NW eine Unterschutzstellung angeordnet werden, für deren Erlass nach § 42a Abs. 1, § 8 Abs. 1 LG NW der Regierungspräsident als höhere Landschaftsbehörde zuständig ist.

4. Satzungen und Verordnungen

Baumschutzbestimmungen können auf verschiedene Weise verwirklicht und umgesetzt werden. Zum einen durch Baumschutzsatzungen und -verordnungen, zum anderen in den Festsetzungen eines Bebauungsplanes, sowie im Erlass von Baumerhaltungsrichtlinien, Leitlinien, oder ähnlichem, was als Anhaltspunkt und Hilfe für die Bürger zum Schutz der Bäume gelten kann. Insbesondere Publikationen, welche Kommunen an Bürger herausgeben, sollen aufgrund der Vorbildfunktion der Verwaltung im Hinblick auf die Erhaltung und Gestaltung von innerstädtischem Grün durch allgemeine Aufklärung und fachliche Beratung der Grundstückseigentümer und Bauwilligen für Bewusstseinsbildung in der Öffentlichkeit sorgen.[130] Besonders geschützt werden zudem Bäume, welche als Naturdenkmal dem § 22 LG NW unterfallen.

Hinsichtlich der Art und Weise der Ausgestaltung des Schutzes ist der Landesgesetzgeber grundsätzlich frei.[131] Es sind sowohl Satzungen als auch Rechtsverordnungen möglich.[132] Baumschutzsatzungen und -verordnungen begründen für Bäume bestimmter Arten und mit einer bestimmten Mindeststammstärke einen starken öffentlich-rechtlichen Schutz. Hierbei handelt es sich um Regelungen der Gemeinden (Baumschutzsatzungen) oder der Naturschutzbehörden (Baumschutzverordnungen), die in einem bestimmten Gebiet, das unter Umständen die gesamte Gemeindefläche umfassen kann, die Beseitigung und Beschädigung von Bäumen verbieten bzw. einer Erlaubnispflicht unterstellen.[133]

---

[129] *Peter*, Grundeigentum und Naturschutz, S. 56.
[130] *Schwade*, Probleme des Baumschutzes in den Kommunen, StGr. 1992, 108 [110].
[131] *Kunz*, Schutz, Pflege und Erhaltung des Baumbestandes, DÖV 1987, 16 [16].
[132] *Kunz*, Schutz, Pflege und Erhaltung des Baumbestandes, DÖV 1987, 16 [16].
[133] *Meßerschmidt/Schumacher*, Bundesnaturschutzrecht, 99. Aktualisierung, § 29, Rn. 56.

Ob dies in der Rechtsform der Satzung (kommunales Recht) oder der Verordnung (staatliches Recht) geschieht, richtet sich nach der landesrechtlichen Ermächtigungsgrundlage und schlägt sich weder in der konkreten Gestaltung der Baumschutzregelung noch in ihren Rechtswirkungen gegenüber dem Bürger wesentlich nieder.[134]

Da § 45 LG NW bestimmt, dass die Gemeinden durch Satzung den Schutz des Baumbestandes innerhalb der im Zusammenhang bebauten Ortsteile und des Geltungsbereichs der Bebauungspläne regeln können, wird im Folgenden ausschließlich von einer Satzung ausgegangen.

5. Mustersatzung

In einigen Bundesländern existieren Mustersatzungen, an welcher sich die Gemeinden bei der Erstellung ihrer Satzung orientieren können. Diese Satzungen dienen der formalen Vereinheitlichung und fördern den Prozess der inhaltlichen Abstimmung.[135] So auch in Nordrhein-Westfalen, in welchem der Städte- und Gemeindebund NRW eine "Mustersatzung zum Schutz des Baumbestandes der Stadt/Gemeinde" herausgegeben hat.[136]

Auf die Mustersatzung NRW wird im speziellen eingegangen, da diese für die Kommunen in NRW als Vorlage dient. Die Kommunen haben sich daran orientiert und als Satzungen mehr oder weniger die Mustersatzung übernommen. Die Probleme, welche eine solche Satzung bereitet, werden daher an der Mustersatzung aufgezeigt.

In einem späteren Teil der Arbeit wird auf einige Beispielsatzungen aus Beispielkommunen eingegangen und aufgezeigt, wie die Satzungen dort umgesetzt worden ist und aus welchem Grund andere Kommunen keine Satzung haben oder sie wieder abgeschafft haben.

6. Zusammenfassung

Die rechtlichen Grundlagen des Baumschutzes finden sich also im Bundes- und Landesgesetz. Selbst im Grundgesetz wird der Baumschutz in Form des Umweltschutzes seit den 70er Jahren nicht vergessen. Insbesondere durch Satzungen wird der Baumschutz sodann in den Kommunen ausgeführt. Daran

---

[134] *Meßerschmidt/Schumacher*, Bundesnaturschutzrecht, 99. Aktualisierung, § 29, Rn. 56.
[135] *Meßerschmidt/Schumacher*, Bundesnaturschutzrecht, 99. Aktualisierung, § 29, Rn. 18.
[136] Siehe: Satzungsmuster des Städtetages Nordrhein-Westfalen (Umdruck-Nr. Z 5608/1986); siehe auch Anhang II.

hat auch das neue BNatSchG nichts geändert, so dass es nicht zu einer Entbehrlichkeit der Baumschutzsatzungen gekommen ist.

IV. Rechtmäßigkeit der Baumschutzregelungen

Baumschutzregelungen können durch Baumschutzsatzungen getroffen werden. Im Folgenden wird daher die Rechtmäßigkeit einer solchen Satzung geprüft.

1. Inhaltliche Probleme von Satzungen

Zuerst wird die Muster-Baumschutzsatzung NRW einer Rechtsmäßigkeitskontrolle unterzogen, da diese Satzung das Vorbild für nahezu alle in den Kommunen erlassenen Satzungen darstellt.

Die Einleitungsformel der Satzung gibt die gesetzlichen Ermächtigungsgrundlagen für den Erlass einer Baumschutzsatzung an. Für Nordrhein-Westfalen sind dies § 45 LG NW i.V.m. § 1 LG NW i.V.m. § 7 GO NW und § 29 BNatSchG.

a) §§ 1 - 3 der Muster-Baumschutzsatzung

Es ist der Schutzzweck (§ 1 der Muster-Baumschutzsatzung) sowie der räumliche und sachliche Geltungsbereich (§§ 2 und 3 der Muster-Baumschutzsatzung) festzulegen. Der räumliche Geltungsbereich einer Baumschutzsatzung ist durch § 45 LG NW auf die innerhalb der im Zusammenhang bebauten Ortsteile und den Geltungsbereich von Bebauungsplänen begrenzt. Welche Bäume in diesem Rahmen durch die Satzung geschützt werden sollen, liegt im Ermessen des Satzungsgebers.[137] Der Umfang des Stammes der zu schützenden Bäume ist unter örtlichen Gesichtspunkten in der Satzung festzulegen.[138] Obstbäume sind von dem Satzungsschutz, mit Ausnahmen, auszunehmen (§ 3 Abs. 4 der Muster-Baumschutzsatzung). Dies wird mit den Belangen des Obstanbaus begründet.[139] Bei Seltenheitswert von bestimmten Obstbaumarten ist deren Aufnahme unter den Satzungsschutz allerdings vertretbar.[140] Des Weiteren werden auch hochstämmige Streuobstwiesen wegen ihrer ökologischen Bedeutung oftmals in den satzungsrechtlichen Baumschutz einbezogen.[141]

---

[137] *Führen*, in: Lübbe-Wolff, Umweltschutz, Rn. 476, S. 253.
[138] *Bauer/Siegbert*, Recht der Landschaft und des Naturschutzes in NRW, Teil B4, S. 105.
[139] *Bauer/Siegbert*, Recht der Landschaft und des Naturschutzes in NRW, Teil B4, S. 105.
[140] *Bauer/Siegbert*, Recht der Landschaft und des Naturschutzes in NRW, Teil B4, S. 105.
[141] *Führen*, in: Lübbe-Wolff, Umweltschutz, Rn. 476, S. 253.

aa) Gegenstand der Satzung

§ 1 der Muster-Baumschutzsatzung beschäftigt sich mit dem Gegenstand der Satzung. Es stellt sich das Problem der Bestimmtheit des Schutzzwecks. Insbesondere waren die anzulegenden Maßstäbe für die Bestimmtheit von Baumschutzsatzungen im Hinblick auf den jeweils verfolgten Schutzzweck lange umstritten.

Einer alten Auffassung des OVG NW von 1986 nach, musste der Schutzzweck konkret in Anlehnung an die Kriterien des § 18 BNatSchG a.F. (jetzt § 29 BNatSchG) beschrieben werden.[142] Ein lediglich lapidarer Hinweis auf den Zweck der Erhaltung und des Schutzes von Bäumen vor Gefährdung sollte nicht genügen, da dies gegen das Prinzip der Bestimmtheit und Normenklarheit verstoßen würde.[143] Zudem schützt § 29 BNatSchG den Landschaftsbestandteil als Objekt und nicht eine Fläche, so dass es sich um Bestandteile der Landschaft handeln muss, die aus ihr individualisierbar hervorgehen.[144] Nach § 29 Abs. 1 S. 2 BNatSchG können in einem bestimmten Gebiet alle Bäume unter Schutz gestellt werden, wodurch der geschützte Landschaftsbestandteil zu einer Kategorie des Objektschutzes mit Elementen des Flächenschutzes wird.[145] § 29 Abs. 1 S. 2 BNatSchG wird regelmäßig bei Baumschutzsatzungen angewandt, die sich auf das Gemeindegebiet beschränken. Das Gemeindegebiet ist aber eine ohnehin gesetzlich festgeschriebene Größe, die in der Schutzausweisung nicht besonders nachvollzogen zu werden braucht.[146]

Der heute unbestrittenen Auffassung des BVerwG von 1988 nach, wird der Zweck einer Baumschutzsatzung schon aus einer auf die "Bestandserhaltung der Bäume" Bezug nehmende Schutzzweckformulierung in Verbindung mit der Auslegung der zugrunde liegenden Ermächtigungen hinreichend deutlich.[147] Eine ausdrückliche Erwähnung der einzelnen Zwecke ist deshalb in einer Baumschutzsatzung nicht erforderlich.[148] Es genügt, wenn angesichts der

---

[142] OVG Münster, Urt.v.31.10.1985 - 7 A 3316/83, NVwZ 1986, 494 [494]; *Führen*, in: Lübbe-Wolff, Umweltschutz, Rn. 468, S. 249.
[143] OVG Münster, Urt.v.31.10.1985 - 7 A 3316/83, NVwZ 1986, 494 [495]; *Führen*, in: Lübbe-Wolff, Umweltschutz, Rn. 468, S. 249.
[144] *Schmidt-Räntsch*, in: Gassner/Bendomir-Kahlo/Schmidt-Räntsch, BNatSchG, § 29, Rn. 6.
[145] *Schmidt-Räntsch*, in: Gassner/Bendomir-Kahlo/Schmidt-Räntsch, BNatSchG, § 29, Rn. 10.
[146] *Schmidt-Räntsch*, in: Gassner/Bendomir-Kahlo/Schmidt-Räntsch, BNatSchG, § 29, Rn. 10.
[147] BVerwG, Beschl.v.29.12.1988 - 4 C 19/86, NuR 1989, 179 [180]; *Führen*, in: Lübbe-Wolff, Umweltschutz, Rn. 468, S. 249.
[148] BVerwG, Beschl.v.29.12.1988 - 4 C 19/86, NuR 1989, 179 [180]; *Führen*, in: Lübbe-Wolff, Umweltschutz, Rn. 468, S. 249.

konkreten örtlichen Situation die jeweils im Vordergrund stehenden Gesichtspunkte des Baumschutzes und ihre relative Bedeutung für das betreffende Gebiet im Wege der Auslegung ermittelt werden könnten.[149] Der Schutzzweck muss nicht alle schützenswerten Belange aufzählen, da insoweit kein rechtlich geschütztes Interesse des Einzelnen besteht.[150] Es genügt, wenn die Art der geschützten Objekte so beschrieben wird, dass man das Gewollte unschwer ausmachen kann, also wenn die Baumschutzsatzung einer Gemeinde bestimmt, dass im Gemeindegebiet alle Bäume geschützt werden sollen.[151]

Da der Schutz aller Bäume in der Regel nicht erforderlich sein wird, werden normalerweise Bäume ab einer gewissen Mindestgröße unter Schutz gestellt.[152] Es bedarf daher keiner individuellen Ermittlung der Schutzwürdigkeit und Schutzbedürftigkeit einzelner Bäume und auch keiner individuellen Betrachtung der örtlichen Besonderheiten einzelner Stadtgebiete.[153] Eine Einzelfallprüfung findet bei Anwendung der Baumschutzsatzung statt.[154]

bb) Geltungsbereich
§ 2 der Muster-Baumschutzsatzung legt den Geltungsbereich der Satzung dahingehend fest, dass der Baumbestand innerhalb der im Zusammenhang bebauten Ortsteile und des Geltungsbereiches der Bebauungspläne geschützt wird.

Problematisch sind auch hier die zu stellenden Anforderungen an die Bestimmtheit einer Baumschutzsatzung im Hinblick auf ihren räumlichen Geltungsbereich.

Einer Entscheidung des Verwaltungsgerichts Gelsenkirchen nach, verstoße eine Festlegung des räumlichen Geltungsbereiches einer Baumschutzsatzung auf "die im Zusammenhang bebauten Ortsteile" und den Geltungsbereich der Bebauungspläne gegen das verfassungsrechtliche Gebot der Bestimmtheit und

---

[149] VG Köln, Urteil vom 19.3.1991 - 14 K 3840/89; VG Köln, NuR 1991, 442 [442].
[150] OVG Koblenz, Urt.v.12.11.1986 - 10 C 1/86, NuR 1987, 271 [272].
[151] *Schmidt-Räntsch*, in: Gassner/Bendomir-Kahlo/Schmidt-Räntsch, BNatSchG, § 29, Rn. 11.
[152] *Schmidt-Räntsch*, in: Gassner/Bendomir-Kahlo/Schmidt-Räntsch, BNatSchG, § 29, Rn. 11.
[153] BVerwG Beschl.v.29.12.1988 - 4 C 19.86; *Schumacher/Fischer-Hüftle*, in: Schumacher/ Fischer-Hüftle, BNatSchG, § 29, Rn. 16.
[154] BVerwG, Beschl.v.1.2.1996 - 4 B 303.95; *Schumacher/Fischer-Hüftle*, in: Schumacher/ Fischer-Hüftle, BNatSchG, § 29, Rn. 16.

Normenklarheit.[155] Eine Satzung müsse ihren Geltungsbereich so deutlich bezeichnen, dass die hiermit verbundene Beschränkung von Freiheit und Eigentum eindeutig erkennbar sei und jeder aufgrund der Baumschutzsatzung selbst ihren Geltungsbereich erkenne und sein Verhalten nach ihren Bestimmungen einrichten könne.[156] Würde pauschal nur auf "die im Zusammenhang bebauten Ortsteile" abgestellt, so sei nicht auszuschließen, dass dieser sich wegen der tatsächlichen Bebauung ändere.[157] Dasselbe gelte, wenn der Geltungsbereich der Satzung durch den Geltungsbereich der Bebauungspläne bestimmt wird, da so mit jedem neu in Kraft getretenen Bebauungsplan das Schutzgebot der Satzung automatisch verändert werde.[158] Daher müssten die von der Baumschutzsatzung erfassten Bereich "metergenau" festgelegt werden, was sich etwa mit einer Eintragung in eine Karte mit ausreichend kleinem Maßstab ermöglichen lasse.[159] Denn nur so könnten die betroffenen Bürger aus der Bezeichnung des Schutzgebietes entnehmen, dass ihre Grundstücke von der Satzung erfasst werden.[160]

Dem wurde in der Literatur insoweit gefolgt, dass eine genaue Festschreibung des Geltungsbereichs durch kartographische Darstellung und / oder textliche Umschreibung vorliegen müsse, um den Schutzbereich bestimmen zu können.[161] Als Begründung wird § 42d LG NW herangezogen,[162] welcher für die Schutzmaßnahmen nach § 42a LG NW eine Beschreibung der Abgrenzung der zu schützenden Flächen (§ 42d Abs. 1 S. 1 LG NW) und teilweise auch eine Darstellung in Karten (§ 42d Abs. 1 S. 1 b), c) und S. 2 LG NW) fordert.

Dies stellt heute allerdings zurecht die Mindermeinung dar. Inzwischen ist nämlich entschieden, dass der räumliche Geltungsbereich entsprechend der Mustersatzung mit "innerhalb der im Zusammenhang bebauten Ortsteile und

---

[155] VG Gelsenkirchen, Urt.v.13.12.1989 - 10 K 4289/88, NWVBl. 1990, 390 [390]; *Peter*, Grundeigentum und Naturschutz, S. 61; *Schink*, Baumschutzsatzungen und -verordnungen, DÖV 1991, 7 [12].
[156] VG Gelsenkirchen, Urt.v.13.12.1989 - 10 K 4289/88, NWVBl. 1990, 390 [390].
[157] VG Gelsenkirchen, Urt.v.13.12.1989 - 10 K 4289/88, NWVBl. 1990, 390 [391]; *Peter*, Grundeigentum und Naturschutz, S. 61.
[158] BVerwG, Urt.v.30.1.1976 - IV C 26.74, BVerwGE 50, 115 [122]; VG Gelsenkirchen, Urt.v.13.12.1989 - 10 K 4289/88, NWVBl. 1990, 390 [391].
[159] VG Gelsenkirchen, Urt.v.13.12.1989 - 10 K 4289/88, NWVBl. 1990, 390 [391]; *Peter*, Grundeigentum und Naturschutz, S. 61.
[160] VG Gelsenkirchen, Urt.v.13.12.1989 - 10 K 4289/88, NWVBl. 1990, 390 [391].
[161] *Schink*, Baumschutzsatzungen und -verordnungen, DÖV 1991, 7 [12]; *Weitzel*, Der Geltungsbereich von Baumschutzverordnungen bzw. -satzungen, NuR 1995, 16 [18].
[162] VG Gelsenkirchen, Urt.v.13.12.1989 - 10 K 4289/88, NWVBl. 1990, 390 [391].

des Geltungsbereich der Bebauungspläne" beschrieben werden kann und dies den Erfordernissen der Bestimmtheit und Normenklarheit genügt.[163] Dem Rechtsstaatsprinzip wird dadurch ausreichend Rechnung getragen.[164] Das Bestimmtheitsgebot aus Art. 20 Abs. 3 GG ist in Zusammenhang mit Art. 19 Abs. 4 GG so zu verstehen, dass Rechtsnormen in ihren Voraussetzungen und in ihrem Inhalt so klar gefasst sein müssen, dass noch eine richterlichen Überprüfung staatlichen Handelns aufgrund der konkreten Norm möglich ist.[165] Objektive Kriterien für die Anwendung eines zunächst unbestimmten Rechtsbegriffs können insbesondere aus einer gefestigten Rechtsprechung gewonnen werden.[166] Der Begriff "innerhalb der im Zusammenhang bebauten Ortsteile " genügt deshalb dem Bestimmtheitsgebot im Anwendungsbereich des § 34 BauGB, da er durch höchstrichterliche Rechtsprechung weitgehend konkretisiert worden ist[167], so dass es keinen Grund gibt, dies nicht auch für den Baumschutz gelten zu lassen, welcher die Grundrechte Anderer allerhöchstens in gleichem Maße berührt.[168]

Auch § 45 LG NW umschreibt den räumlichen Geltungsbereich mit "innerhalb der im Zusammenhang bebauten Ortsteile und des Geltungsbereichs der Bebauungspläne". Die Gemeinden werden dadurch ermächtigt, den räumlichen Anwendungsbereich der Satzung in der Weise offenzuhalten, dass der Baumschutz gleichsam auch auf die Gebiete ausgedehnt wird, die erst zu einem späteren Zeitpunkt durch die tatsächliche Ausweitung des Bebauungszusammenhangs oder durch die künftige Aufstellung von Bebauungsplänen die gesetzlichen Kriterien erfüllen.[169] Eine kartenmäßige Darstellung würde zu einem unverhältnismäßigen Verwaltungsaufwand führen, weil jede Veränderung der Grenzlinie zwischen Innen- und Außenbereich eine Überarbeitung des Kartenmaterials und in der Folge eine Änderung der Baumschutzsatzung erforderlich macht.[170] Im Zweifel könne und müsse dem

---

[163] *Schwade*, Probleme des Baumschutzes in den Kommunen, StGr. 1992, 108 [112f.]; *Günther*, Baumschutzsatzungen, NWVBl. 1995, 89 [90].
[164] BVerwG, Urt.v.16.6.1994 - 4 C 2/94, NVwZ 1994, 1099 [1099]; *Otto/Raddatz*, Zur Bestimmtheit von Baumschutzsatzungen, NVwZ 1991, 963 [964].
[165] BVerfGE 21, 73 [79f.]; *Otto/Raddatz*, Anmerkung zu VG Gelsenkirchen, NWVBl. 1990, 392 [392].
[166] *Otto/Raddatz*, Anmerkung zu VG Gelsenkirchen, NWVBl. 1990, 392 [392].
[167] Vgl. BVerwGE 31, 21 [26].
[168] BVerwG, Urt.v.16.6.1994 - 4 C 2/94, NVwZ 1994, 1099 [1100].
[169] BVerwG, Urt.v.16.6.1994 - 4 C 2/94, NVwZ 1994, 1099 [1099].
[170] *Queitsch*, Kommunaler Baumschutz und Baurecht, StGr. 1994, 177 [178].

Bürger zugemutet werden, die Rechtsprechung zu § 34 Abs. 1 S. 1 BauGB heranzuziehen oder Rat bei der Gemeinde einzuholen.[171]

cc) Geschützte Bäume

Gemäß § 3 Abs. 1 der Muster-Baumschutzsatzung sind geschützte Bäume zu erhalten und mit diesem Ziel zu pflegen und vor Gefährdung zu bewahren. § 3 Abs. 2 S. 1 der Muster-Baumschutzsatzung legt die Anforderungen an die Bäume, welche zu schützen sind, genauer fest. Dort heißt es, dass Bäume mit einem Stammumfang von mindestens 80 cm, gemessen in einer Höhe von 100 cm über dem Erdboden geschützte Bäume sind. Liegt der Kronenansatz unter dieser Höhe, so ist der Stammumfang unmittelbar unter dem Kronenansatz maßgebend, § 3 Abs. 2 S. 2 der Muster-Baumschutzsatzung. Nach S. 3 sind mehrstämmige Bäume geschützt, wenn die Summe der Stammumfänge 80 cm beträgt und mindestens ein Stamm einen Mindestumfang von 30 cm aufweist. Gemäß § 3 Abs. 3 der Muster-Baumschutzsatzung gilt diese Satzung für Bäume, die aufgrund von Festsetzungen eines Bebauungsplanes zu erhalten sind, auch wenn die Voraussetzungen des Abs. 2 nicht vorliegen, sowie für die nach dieser Satzung vorgenommenen Ersatzpflanzungen, § 7 der Muster-Baumschutzsatzung.

Der Landesgesetzgeber hat es den Kommunen freigestellt, für welche Baumarten sie den Schutz festlegen.[172] Nicht unter die Muster-Baumschutzsatzung fallen nach § 3 Abs. 4 der Muster-Baumschutzsatzung Obstbäume mit Ausnahme von Walnussbäumen und Esskastanien. Dies ist üblich, kann aber von jeder Gemeinde individuell gestaltet werden.[173] Das Heraushalten von Obstbäumen wird vielerorts praktiziert und beruht im wesentlichen auf der Erwägung, dass sonst viele Pflegemaßnahmen, welche zu der Erzielung eines hohen Ertrages in Frage kommen, von der Erteilung einer Ausnahmegenehmigung abhängen.[174]

---

[171] *Führen*, in: Lübbe-Wolff, Umweltschutz, Rn. 470, S. 251; *Otto/Raddatz*, Anmerkung zu VG Gelsenkirchen, NWVBl. 1990, 392 [392].
[172] *Otto*, Was können Baumschutzsatzungen tatsächlich leisten?, Das Gartenamt 1992, 624 [625].
[173] *Otto*, Was können Baumschutzsatzungen tatsächlich leisten?, Das Gartenamt 1992, 624 [625].
[174] *Otto*, Was können Baumschutzsatzungen tatsächlich leisten?, Das Gartenamt 1992, 624 [625].

b) §§ 4 - 7 der Muster-Baumschutzsatzung

Weiterhin bedarf es Ausführungen zu verbotenen Handlungen (§ 4), zu der Anordnung von Maßnahmen (§ 5) sowie zu Ausnahmen und Befreiungen (§ 6) und zu Ersatzpflanzungen und Ausgleichszahlungen (§ 7).

§ 4 der Muster-Baumschutzsatzung bestimmt Verbote. Gemäß § 4 Abs. 1 S. 1 ist es im Geltungsbereich dieser Satzung verboten, geschützte Bäume zu entfernen, zu zerstören, zu schädigen oder ihren Aufbau wesentlich zu verändern. Die Verbote richten sich an jedermann.

S. 2 definiert die wesentliche Veränderung des Aufbaus. Danach liegt eine solche vor, wenn an geschützten Bäumen Eingriffe vorgenommen werden, die auf das charakteristische Aussehen erheblich einwirken oder das weitere Wachstum beeinträchtigen.

§ 5 der Muster-Baumschutzsatzung dient der Durchsetzung der Belange des Baumschutzes und deren Überwachung.[175] Danach sind Maßnahmen zur Pflege, Erhaltung und Sicherung von den Eigentümern oder Nutzungsberechtigten im Rahmen des Zumutbaren zu leisten, wenn die Stadt oder die Gemeinde diese angeordnet hat, § 5 Abs. 1, 1. HS. der Muster-Baumschutzsatzung. Bei Überschreitung der Grenze des Zumutbaren soll es möglich sein, dass die Stadt oder die Gemeinde ersatzweise eintritt; der Eigentümer oder Nutzungsberechtigte hat dann die Durchführung der Maßnahmen durch die Stadt oder Gemeinde zu dulden, § 5 Abs. 3 der Muster-Baumschutzsatzung.

aa) Ausnahmen und Befreiungen

Baumschutzsatzungen müssen aber im Hinblick auf Art. 14 GG auch Ausnahme- und Befreiungsvorschriften enthalten.[176] Diese sollen sicherstellen, dass die Behörden im Einzelfall auf besondere Bedingungen angemessen reagieren, die Sozialbindung des Eigentums nicht überbewerten und Verstöße gegen das Verhältnismäßigkeitsprinzip vermeiden.[177] Dem trägt § 6 der Muster-Baumschutzsatzung Rechnung, indem darin die Ausnahmen (Abs. 1) und Befreiungen (Abs. 2) geregelt werden.

---

[175] *Bauer/Siegbert*, Recht der Landschaft und des Naturschutzes in NRW, Teil B4, S. 106.
[176] *Bartholomäi*, Baumschutzsatzungen und Baumschutzverordnungen, UPR 1988, 241 [244]; *Schink*, Baumschutzsatzungen und -verordnungen, DÖV 1991, 7 [12].
[177] *Günther*, Rechtsprobleme des kommunalen Baumschutzes, S. 128.

Eine Genehmigung bzw. Befreiung kann sowohl von dem Eigentümer des Grundstücks, auf dem der zu fällende oder nachhaltig zu verändernde Baum wächst, als auch von dem Nachbarn beantragt werden, wenn dieser geltend macht, dass durch den Zustand des Baumes seine Rechtsgüter beeinträchtigt werden.[178] Die Antrags- und Klagebefugnis des Nachbarn folgt daraus, dass dieser privatrechtliche Ansprüche aus dem Nachbarrecht nur geltend machen kann, wenn zuvor der öffentlich-rechtliche Baumschutz beseitigt wird.[179]

Während auf die Erteilung einer Ausnahme unter den festgelegten Voraussetzungen ein Rechtsanspruch besteht, steht eine Befreiung im pflichtgemäßen Ermessen der Behörde.[180] Die Genehmigung zur Beseitigung eines Baumes darf nur erteilt werden, wenn keine weniger einschneidende Maßnahme, z.B. ein Rückschnitt, möglich ist.[181]

(1) Ausnahmen

§ 6 Abs. 1 der Muster-Baumschutzsatzung zählt verschiedene Tatbestände auf, bei deren Verwirklichung Ausnahmen zu genehmigen sind. Unter anderem wird in § 6 Abs. 1 f der Fall der "Verschattung von Wohnräumen" geregelt.

Es gilt der Grundsatz, dass allgemeine Gründe, die wie eine Verschattungswirkung für jeden Baum zutreffen, im Interesse wirkungsvollen Naturschutzes und der entsprechenden Verwirklichung des Zwecks von Baumschutzsatzungen eine Ausnahmegenehmigung nicht rechtfertigen können.[182] Bei einer Verschattung, die den üblichen Rahmen nicht überschreitet, ist somit die Erteilung einer Ausnahmegenehmigung nicht möglich.[183] Wann eine Überschreitung des üblichen Rahmens vorliegt, muss im Einzelfall anhand der örtlichen Verhältnisse geklärt werden. Der § 6 Abs. 1 f der Muster-Baumschutzsatzung stellt jedenfalls darauf ab, dass eine solche Beeinträchtigung dann vorliegt, "wenn Fenster so beschattet werden, dass dahinter liegende Wohnräume während des Tages nur mit künstlichem Licht

---

[178] OVG Bremen, Urt.v.26.3.1985 - 1 BA 85/84, NuR 1985, 193 [194]; VGH Mannheim, Urt.v.28.7.1994 - 5 S 2467/93, NuR 1995, 259 [259]; OVG Saarlouis, Urt.v.29.9.1998 - 2 R 2/98, NuR 1999, 531 [531]; *Meßerschmidt/Schumacher*, Bundesnaturschutzrecht, 99. Aktualisierung, § 29, Rn. 98.

[179] *Meßerschmidt/Schumacher*, Bundesnaturschutzrecht, 99. Aktualisierung, § 29, Rn. 98.

[180] *Otto*, Was können Baumschutzsatzungen tatsächlich leisten?, Das Gartenamt 1992, 624 [626].

[181] OVG Berlin, Urt.v.17.3.1995 - 2 B 34/92, NuR 1996, 414 [414]; *Meßerschmidt/Schumacher*, Bundesnaturschutzrecht, 99. Aktualisierung, § 29, Rn. 83.

[182] *Günther*, Rechtsprobleme des kommunalen Baumschutzes, S. 152.

[183] *Günther*, Rechtsprobleme des kommunalen Baumschutzes, S. 152.

benutzt werden können". Erst dann ist in so einem Fall die Erteilung einer Ausnahmegenehmigung also möglich.

Auch wenn der geschützte Baum krank ist, kommt nach § 6 Abs. 1 d der Muster-Baumschutzsatzung eine Ausnahmegenehmigung in Betracht. Wenn ein Baum aufgrund seines Alters oder aufgrund außergewöhnlicher Ereignisse, wie z.B. Sturmschäden, die Endphase seiner biologischen Existenz erreicht, so kann er als "abgängig" behandelt werden.[184] Allerdings sind diese Fälle eher selten, da auch ein toter Baum noch als wertvoll betrachtet wird[185] und z.B. Blattläuse oder anderer Tierbefall eines Baumes grundsätzlich hinzunehmen ist, wenn er z.B. jährlich wiederkehrt und damit zu den jahreszeitlich bedingten natürlichen Vorgängen eines Baumes gehört.[186] In solchen Fällen ist eventuell zivilrechtlicher Schutz einholbar.[187]

Bei solchen Bäumen ist i.R.d. Baumschutzvorschriften allerdings von der Genehmigungsfähigkeit der Beseitigung auszugehen, wenn ihre Erhaltung nicht mit zumutbaren Aufwand sichergestellt werden kann.[188] Es muss also eine Zumutbarkeitsprüfung stattfinden, in deren Rahmen die Größe, Lebenserwartung und ökologische wie städtebauliche Bedeutung des Baumes ebenso eine Rolle spielen wie die finanzielle Leistungsfähigkeit des Grundeigentümers.[189]

(2) Befreiungen

Nach § 6 Abs. 2 S. 1 der Muster-Baumschutzsatzung können von den Verboten des § 4 "im Einzelfall Befreiungen erteilt werden, wenn das Verbot zu einer nicht beabsichtigten Härte führen würde und eine Befreiung mit den öffentlichen Interessen vereinbar ist".

Von diesen als negativ empfundenen Auswirkungen sind z.B. Samen, Blüten, Früchte, Bruchholz und Laub erfasst.[190] Nur wenn eine wesentliche Beeinträchtigung in Form der Baumimmissionen gegeben ist, kann eine nicht

---

[184] OVG Münster, Urt.v.8.10.1993 - 7 A 2021/92, NuR 1994, 253 [257]; *Meßerschmidt/ Schumacher*, Bundesnaturschutzrecht, 99. Aktualisierung, § 29, Rn. 92.
[185] *Meßerschmidt/Schumacher*, Bundesnaturschutzrecht, 99. Aktualisierung, § 29, Rn. 92.
[186] *Günther*, Rechtsprobleme des kommunalen Baumschutzes, S. 174.
[187] siehe D IV 2 d, Vereinbarkeit mit Privatrecht und Nachbarschutz.
[188] *Meßerschmidt/Schumacher*, Bundesnaturschutzrecht, 99. Aktualisierung, § 29, Rn. 92.
[189] *Höreth-Marquardt/Wedekind*, Bäume - rechtliches Konfliktpotential in einer Großstadt?, DÖV 2001, 1034 [1036]; *Meßerschmidt/Schumacher*, Bundesnaturschutzrecht, 99. Aktualisierung, § 29, Rn. 92.
[190] *Günther*, Rechtsprobleme des kommunalen Baumschutzes, S. 169.

beabsichtigte Härte i.S.v. § 6 Abs. 2 der Muster-Baumschutzsatzung vorliegen. Baumimmissionen sind jedoch Ausdruck des natürlichen Lebens und werden daher von der Rechtsprechung grundsätzlich als unwesentliche Beeinträchtigungen angesehen.[191]

In diese Fallgruppe gehört auch die Problematik, dass eine Krankheit nicht bei dem Baum, wie in § 6 Abs. 1 d der Satzung, sondern bei dem Antragsteller, z.B. in Form einer Allergie, vorliegt, da erst die individuelle Besonderheit des jeweiligen Grundstückseigentümers oder -nutzers dazu führt, dass die Gesundheitsbeeinträchtigungen durch den Kontakt mit Pollen entstehen, während zum Beispiel Standsicherheitsgefahren für jedermann im räumlichen Bereich des Baumes vorhanden sind und deshalb unter Abs. 1 c fallen.[192]

Häufig kommt es vor, dass Bürger eine Genehmigung zum Fällen von geschützten Bäumen mit dem Grund beantragen, dass sie gegen die Pollen der Bäume allergisch sind.[193]Würde man nun jedem Antrag mit dieser Begründung entsprechen, käme es schnell zu einer Aushöhlung der Baumschutzsatzungen.[194] Deshalb bedürfen Anträge dieser Art einer genauer Überprüfung. Die Behörde sollte ein ärztliches Attest verlangen, welches, um mögliche freundschaftsdienstliche Attestausstellungen zu vermeiden, von einem Facharzt, z.B. Allergologen, ausgestellt worden ist.[195] Das Attest sollte auch aufzeigen, wogegen und wie stark der betroffene Bürger allergisch ist. Das Institut für Sozialmedizin und Epidemiologie des Bundesgesundheitsamtes hat in diesem Zusammenhang bekanntgegeben, dass nur bei fachärztlich erwiesener Allergie gegen eine bestimmte Pollenart und bei entsprechender klinischer Symptomatik der Entfernung des bestimmten Baumes in unmittelbarer Hausnähe zugestimmt werden kann.[196] Dies begründet sich auch daraus, dass ein Bürger mit Pollenallergie gegen einen Baum in seinem Garten,

---

[191] OVG Münster, Urt.v.04.07.1983 - 10 A 81/81; OVG Bremen, Urt.v.26.03.1985 OVG 1 BA 85/84, DÖV 1985, 729 [731]; VG Düsseldorf, Urt.v.29.06.1989 - 4 K 2108/87; VG Köln, Urt.v.19.03.1991 - 14 K 3840/89, NuR 1991, 442 [443]; *Günther*, Rechtsprobleme des kommunalen Baumschutzes, S. 170.

[192] *Günther*, Baumallergien als Ausnahme- oder Befreiungstatbestände?, Das Gartenamt 1991, 584 [587]; *Höreth-Marquardt/Wedekind*, Bäume - rechtliches Konfliktpotential in einer Großstadt?, DÖV 2001, 1034 [1036].

[193] *Günther*, Baumallergien und Baumschutz, Das Gartenamt 1992, 463 [463].

[194] *Günther*, Baumallergien als Ausnahme- oder Befreiungstatbestände?, Das Gartenamt 1991, 584 [586]; *Günther*, Baumallergien und Baumschutz, Das Gartenamt 1992, 463 [463].

[195] *Günther*, Baumallergien als Ausnahme- oder Befreiungstatbestände?, Das Gartenamt 1991, 584 [586].

[196] *Günther*, Baumallergien und Baumschutz, Das Gartenamt 1992, 463 [463].

bei Fällung desselben, trotzdem noch unter den gleichen Beschwerden leiden könnte, wenn sich ein Baum gleicher Art in seiner Nähe, z.B. in dem nachbarlichen Garten oder als Straßenbaum, befindet.

Wenn solch eine Baumart aber gerade unmittelbar an dem Haus, z.B. an der Terrasse oder einem Zimmerfenster, steht, begründet dieser übermäßige Pollenkontakt an einem zentralen Aufenthaltsort aufgrund der zum Teil gravierenden Auswirkungen für den Bürger den Fällantrag, da bei Abwägung der Rechtsgüter der Linderung der gesundheitlichen Beschwerden des Bürgers der Vorrang vor dem Naturschutz gebührt.[197]

bb) Ersatzpflanzungen und Ausgleichszahlungen

Eine Genehmigung oder Befreiung kann mit Nebenbestimmungen, insbesondere mit Auflagen hinsichtlich der Ersatzpflanzung, verknüpft werden.[198] Im Hinblick auf das Rechtsstaatsprinzip verlangt die Rechtsprechung sowohl für Ersatzpflanzungen als auch für Ausgleichszahlungen ganz konkrete Regelungen in der Baumschutzsatzung.[199]

§ 7 Abs. 1 der Muster-Baumschutzsatzung bestimmt, dass, wenn auf der Grundlage des § 6 Abs. 1 b und Abs. 2 der Muster-Baumschutzsatzung eine Ausnahme oder Befreiung erteilt wird, der Antragsteller auf seine Kosten für jeden entfernten geschützten Baum als Ersatz nach Maßgabe des Abs. 2 neue Bäume auf einem Grundstück im Geltungsbereich der Satzung zu pflanzen und zu erhalten hat (Ersatzpflanzung).

Gesetzliche Grundlage des § 7 der Muster-Baumschutzsatzung ist § 45 LG NW, welcher eine ausreichende gesetzliche Grundlage für die satzungsrechtlichen Regelungen über die Ersatzpflanzungen und Ausgleichszahlungen bildet.[200] Dies rechtfertigt neben der Satzungs-bestimmung über das Verbot der Entfernung oder Beschädigung auch solche Bestimmungen, die mittelbar dem Schutz des Baumbestandes dienen.[201] Diese Norm stützt sich auf § 29 Abs. 2 S. 2 BNatSchG, wonach die Länder für den

---

[197] *Günther*, Baumallergien als Ausnahme- oder Befreiungstatbestände?, Das Gartenamt 1991, 584 [586].

[198] OVG Koblenz, Urt.v.16.1.2008 - 8 A 10976/07, DWW 2008, 266 [266]; *Meßerschmidt/Schumacher*, Bundesnaturschutzrecht, 99. Aktualisierung, § 29, Rn. 83.

[199] *Otto*, Was können Baumschutzsatzungen tatsächlich leisten?, Das Gartenamt 1992, 624 [626].

[200] OVG Münster, Urt.v.16.7.1991 - 10 A 2447/88 (VG Düsseldorf), NuR 1992, 93 [93]; *Führen*, in: Lübbe-Wolff, Umweltschutz, Rn. 495, S. 260.

[201] OVG Münster, Urt.v.16.7.1991 - 10 A 2447/88 (VG Düsseldorf), NuR 1992, 93 [93].

Fall der Bestandsminderung die Verpflichtung zu einer angemessenen und zumutbaren Ersatzpflanzung oder zur Leistung von Ersatz in Geld vorsehen können.

Die Zumutbarkeit einer Ersatzpflanzung ist primär unter dem Gesichtspunkt des erforderlichen Aufwandes zu beurteilen.[202] Das Kriterium der Angemessenheit bezieht sich auf die Relation zwischen Bestandsminderung und Umfang.[203] Festzulegen sind Art, Größe und Zahl.[204] Dies ist in § 7 Abs. 2 der Muster-Baumschutzsatzung geregelt, in dem es in S. 1 heißt, dass sich die Ersatzpflanzung nach dem Stammumfang des entfernten Baumes bemisst. Bei jedem Meter über einem Stammumfang von bis zu 150 cm, gemessen in 1 m Höhe über dem Erdboden, ist die Ersatzpflanzung eines weiteren Baumes vorzunehmen. Eine solche Regelung in einer Baumschutzsatzung ist angemessen, da, je größer und älter der Baum ist, er nicht durch nur einen oder wenige kleinere Bäume ausgeglichen werden kann.[205] Somit beruht § 7 der Muster-Baumschutzsatzung auf einer ausreichenden Ermächtigungsgrundlage.

Wenn die Baumbeseitigung nicht auf Initiative des Grundstückseigentümers, sondern des Nachbarn zurückgeht, ist ein Ersatzpflanzungsgebot für den Grundstückseigentümer unzumutbar.[206] Eher angemessen wäre es, dem Antragsteller eine Ersatzpflanzung auf seinem Grundstück aufzugeben.[207] Gemäß § 7 Abs. 3 der Muster-Baumschutzsatzung hat der Antragsteller, wenn er seiner Verpflichtung gemäß § 7 Abs. 1 nicht nachkommt oder wenn eine solche aus rechtlichen oder tatsächlichen Gründen unmöglich ist, eine Ausgleichszahlung zu leisten. § 7 Abs. 4 der Muster- Baumschutzsatzung ist zu § 7 Abs. 3 eine gültige Berechnungsformel für die Ausgleichszahlung.[208] Danach bemisst sich die Höhe der Ausgleichszahlung nach dem Wert des Baumes, mit dem ansonsten eine Ersatzpflanzung erfolgen müsste, zusätzlich

---

[202] *Meßerschmidt/Schumacher*, Bundesnaturschutzrecht, 99. Aktualisierung, § 29, Rn. 108.
[203] *Meßerschmidt/Schumacher*, Bundesnaturschutzrecht, 99. Aktualisierung, § 29, Rn. 105.
[204] *Meßerschmidt/Schumacher*, Bundesnaturschutzrecht, 99. Aktualisierung, § 29, Rn. 105.
[205] ähnlich: OVG Schleswig, Urt.v.2.11.1994 - 1 L 21/94, NuR 1995, 377 [378] und *Meßerschmidt/Schumacher*, Bundesnaturschutzrecht, 99. Aktualisierung, § 29, Rn. 106.
[206] *Meßerschmidt/Schumacher*, Bundesnaturschutzrecht, 99. Aktualisierung, § 29, Rn. 110.
[207] *Meßerschmidt/Schumacher*, Bundesnaturschutzrecht, 99. Aktualisierung, § 29, Rn. 110.
[208] OVG Münster, Urt.v.16.7.1991 - 10 A 2447/88 (VG Düsseldorf), NuR 1992, 93 [94].

einer Pflanzkostenpauschale von 30 % des Nettoerwerbspreises. Die Ausgleichszahlungen sind zweckgebunden zu verwenden. [209]

c) §§ 8 - 13 der Muster-Baumschutzsatzung

§ 8 der Muster-Baumschutzsatzung bezieht sich auf den Baumschutz im Baugenehmigungsverfahren, während § 9 die Folgenbeseitigung, § 10 die Verwendung von Ausgleichszahlungen, § 11 das Betretungsrecht und § 12 die Ordnungswidrigkeiten enthält. § 13 der Muster-Baumschutzsatzung bezieht sich auf das Inkrafttreten der Satzung. An dieser Stelle ergeben sich diesbezüglich keinerlei Probleme. Auf die einzelnen Inhalte wird im Rahmen der Prüfung der Vereinbarkeit der Satzungen mit anderen Rechten und Normen noch eingegangen.

2. Vereinbarkeit der Satzungen mit anderen Rechten und Normen

Mit der Durchführung des Baumschutzes erfolgt zwangsläufig auch eine Einschränkung von Rechten anderer, insbesondere von Privateigentum. Es ist daher zu klären, ob eine Baumschutzsatzung nach der Mustersatzung mit dem geltenden Recht, insbesondere Rechten Dritter, vereinbar ist. Berücksichtigung finden dabei insbesondere die Grundrechte des Art. 14 GG und Art. 13 GG, welche mit dem Schutzgütern des Eigentums und der Wohnung am ehesten betroffen sein könnten. Weiterhin ist aber auch die Vereinbarkeit mit Baurecht, Privatrecht und Strafrecht zu überprüfen.

a) Vereinbarkeit mit Art. 14 GG

Baumschutzregelungen, insbesondere Baumschutzsatzungen, verbieten dem Grundeigentümer Einwirkungen auf seine Bäume oder machen sie von einer behördlichen Gestattung abhängig. Davon kann die Eigentumsgarantie des Art. 14 Abs. 1 GG berührt sein.

aa) Schutzbereich im Hinblick auf naturschutzbedingte Beschränkungen

Dann müssten die naturschutzbedingten Beschränkungen den Schutzbereich des Art. 14 GG eröffnen. Art. 14 Abs. 1 S. 1, 1. Alt. GG gewährleistet das Eigentum. Der Schutz der Norm bezieht sich dabei auf die Innehabung, Nutzung und Verfügung einer eigentumsfähigen Position.[210]

---

[209] *Höreth-Marquardt/Wedekind*, Bäume - rechtliches Konfliktpotential in einer Großstadt?, DÖV 2001, 1034 [1040]; *Meßerschmidt/Schumacher*, Bundesnaturschutzrecht, 99. Aktualisierung, § 29, Rn. 115.

[210] *Jarass*, in: Jarass/Pieroth, GG, Art. 14, Rn. 6.

Bäume sind gemäß § 94 S. 1 BGB wesentliche Bestandteile eines Grundstücks, da sie mit dem Boden zusammenhängende Erzeugnisse sind. Die Bäume auf einem, sich im Eigentum des Grundstückseigentümers befindlichen Grundstücks, gehören daher auch zu dem Eigentum des Grundstückseigentümers als Bestandteile des Grundstücks.

Gemäß § 903 S. 1 BGB kann der Eigentümer einer Sache, soweit nicht das Gesetz oder Rechte Dritter entgegenstehen, mit der Sache nach Belieben verfahren und andere von jeder Einwirkung ausschließen. Aufgrund von Baumschutzsatzungen, welche ein Verbot in das Eigentumsrecht des Eigentümers darstellen können, wird dieser eventuell gehindert, mit seinen Bäumen in diesem Sinne zu verfahren.[211]

Die naturschutzbedingten Beschränkungen der Baumschutzsatzungen eröffnen damit den Schutzbereich des Art. 14 GG.

bb) Eigentumsrelevante Maßnahme

Für eine Verletzung des Art. 14 Abs. 1 GG bedarf es eines Eingriffes in Form einer eigentumsrelevanten Maßnahme. Eine eigentumsrelevante Maßnahme ist jede staatliche Maßnahme, durch die dem Einzelnen ein grundrechtlich geschütztes Verhalten unmöglich gemacht oder wesentlich erschwert wird.[212]

Die Baumschutzsatzungen stellen Verbote im Sinne von verbotenen Handlungen auf, § 4 Abs. 1 S. 1 der Muster-Baumschutzsatzung. Danach ist es im Geltungsbereich der Satzung verboten, geschützte Bäume zu entfernen, zu zerstören, zu schädigen oder ihren Aufbau wesentlich zu verändern.

Jede Unterschutzstellung eines Baumes bedeutet aber für den Grundstückseigentümer eine spürbare Beeinträchtigung, wobei sich der Umfang dieser Beeinträchtigung nach den mit der Unterschutzstellung verbundenen Verboten im Einzelfall richtet.[213]

(1) Inhalts- und Schrankenbestimmung des Eigentums

Nach Art. 14 Abs. 1 S. 2 GG werden Inhalt und Schranken des Eigentums durch die Gesetze bestimmt. Gesetz in diesem Sinne ist jede Rechtsnorm.[214] Baumschutzsatzungen sind Rechtsnormen, so dass sie Gesetze im Sinne von

---

[211] *Günther*, Baumschutzrecht, S. 19, Rn. 26.
[212] *Pieroth/Schlink*, Grundrechte, § 6, Rn. 253.
[213] *Krause*, Die Grenzen der Sozialpflichtigkeit, S. 63.
[214] *Otto*, Die Bestimmung des Grundeigentums, Das Gartenamt 1991, 396 [396]; *Otto*, Zivilrechtliche Auswirkungen von Baumschutzregelungen, RdL 1993, 113 [113].

Art. 14 Abs. 1 S. 2 GG sind.[215] Die gesetzlichen Inhalts- und Schranken-bestimmungen gemäß Art. 14 Abs. 1 S. 2 GG legen generell und abstrakt die Rechte und Pflichten des Eigentümers fest.[216] Sie stellen einen Eingriff in das Eigentum dar, wenn sie die Eigentumsfreiheit verkürzen.[217]

Ein unbedingter Baumschutz wäre mit der Eigentumsgarantie nicht vereinbar, so dass die Baumschutzsatzungen immer auch einen Ausnamekatalog enthalten müssen.[218] Dadurch stellen die Verbote der Baumschutzsatzung Bestimmungen über den Inhalt und die Schranken des Eigentums i.S.d. Art. 14 Abs. 1 S. 2 GG dar.[219]

(2) Enteignung

Eine Enteignung gemäß Art. 14 Abs. 3 GG verkürzt ebenso wie Inhalts- und Schrankenbestimmungen die Eigentumsfreiheit. Die Enteignung ist ein Rechtsakt, der auf "die vollständige oder teilweise Entziehung konkreter subjektiver, durch Art. 14 Abs. 1 S. 1 gewährleisteter Rechtspositionen zur Erfüllung bestimmter öffentlicher Aufgaben gerichtet" ist.[220] Die Baumsatzung ist jedoch mit Art. 14 Abs. 3 GG vereinbar.[221] Es stellt keine entschädigungspflichtige Enteignung dar, dass in § 4 der Muster-Baumschutzsatzung ein grundsätzliches Verbot enthalten ist, Bäume zu fällen, zu beschädigen oder ihren Aufbau wesentlich zu verändern, und dass Ausnahmen von diesem Verbot gemäß § 6 Abs. 1 der Muster-Baumschutzsatzung genehmigungspflichtig sind.[222] Diese Regelung der Baumsatzung hält sich im Rahmen der Sozialbindung des Eigentums.[223]

Das Verbot des Fällens bestimmter bisher auf dem Grundstück stehender Bäume kann zwar durchaus ein Bauverbot darstellen.[224] Aber dieses ist nicht

---

[215] *Otto*, Rechtliche Probleme bei der Anwendung von Baumschutzregelungen, NVwZ 1986, 900 [900]; *Otto*, Die Bestimmung des Grundeigentums, Das Gartenamt 1991, 396 [396].

[216] *Pieroth/Schlink*, Grundrechte, § 23, Rn. 999.

[217] *Pieroth/Schlink*, Grundrechte, § 23, Rn. 998.

[218] OVG Lüneburg, Urt.v.27.2.1986 - 30 VG C 1/85, NuR 1987, 327 [327]; VGH München, Urt.v.9,11,1984 - 9 N 84 A 1579, NuR 1985, 236 [238]; OVG Berlin, Urt.v.24.11.1992 - 2 B 29/90, NuR 1993, 394 [394]; *Dreßler/Rabbe*, Kommunales Baumschutzrecht, S. 41.

[219] *Dreßler/Rabbe*, Kommunales Baumschutzrecht, S. 41; *Otto*, Anmerkung zum Urteil des OVG Rh-Pf vom 16.1.2008, DWW 2008, 268 [268].

[220] BVerfGE 83, 201 [211]; BVerwGE 132, 261 [264]; *Pieroth/Schlink*, Grundrechte, § 23, Rn. 1000; *Krause*, Die Grenzen der Sozialpflichtigkeit, S. 84.

[221] OLG Hamm, Beschl.v.5.8.1980 - 1 Ss OWi 831/80 -, NJW 1980, 2822 [2823].

[222] OLG Hamm, Beschl.v.5.8.1980 - 1 Ss OWi 831/80 -, NJW 1980, 2822 [2823]; *Schwade*, Probleme des Baumschutzes in den Kommunen, StGr. 1992, 108 [115].

[223] OLG Hamm, Beschl.v.5.8.1980 - 1 SS OWi 831/80 -, NJW 1980, 2822 [2823].

[224] OLG Hamm, Beschl.v.5.8.1980 - 1 Ss OWi 831/80 -, NJW 1980, 2822 [2823].

stets ein Akt der Enteignung.[225] Die eventuell durch das Verbot, Bäume einer bestimmten Größe zu fällen, entstandenen Baubeschränkungen stellen, soweit sie auf eine der Landschaft angepasste Bauweise hinzielen, nur Eigentumsbindungen dar.[226] Dem Betroffenen bleibt trotz des Verbots, Bäume bestimmter Größe zu fällen, die Nutzung des Grundstücks in seinem bisherigen Ausmaß, insbesondere der bisherigen Bebauung, unbenommen.[227]

Die Muster-Baumschutzsatzung mit den entsprechenden Verfügungsbeschränkungen berücksichtigt in § 6 aber auch die entgegenstehenden Interessen des Grundstückseigentümers und trägt ihnen insoweit Rechnung, als im Einzelfall eine Ausnahme oder Befreiung von den Verboten vorgesehen ist. Eine solche Regelung stellt sich unter Beachtung des Verhältnismäßigkeitsgrundsatzes als unangreifbar dar.[228] Somit liegt bei einer entsprechenden Ausnahmeregel in einer Baumschutzsatzung kein entschädigungspflichtiger Eingriff vor.[229]

cc) Verfassungsrechtliche Rechtfertigung

Diese Eingriffe in Art. 14 Abs. 1 GG könnten verfassungsrechtlich gerechtfertigt sein.

§ 4 Abs. 1 S. 1 der Muster-Baumschutzsatzung, welche in ihrem Schutzumfang der Zielsetzung des § 23 S. 1, S. 2 LG NW entspricht, bestimmt in zulässiger Weise Inhalt und Schranken des Grundeigentums.[230] Dementsprechend muss der Eigentümer des Baumgrundstückes Einwirkungen hinnehmen, die sich aus dem Vorhandensein von geschützten Bäumen ergeben.[231]

In den Baumschutzsatzungen sind jedoch zumeist Ausnahmen und Befreiungen nach § 6 Abs. 1 und Abs. 2 der Muster-Baumschutzsatzung geregelt. Nach § 6 Abs. 1 der Muster-Baumschutzsatzung sind Ausnahmen zu den Verboten des § 4 zu genehmigen, wenn einer der in § 6 Abs. 1 a)-f) genannten Gründe vorliegt. Dies stellt einen Anspruch auf Genehmigung dar, wenn die

---

[225] OLG Hamm, Beschl.v.5.8.1980 - 1 Ss OWi 831/80 -, NJW 1980, 2822 [2823].
[226] OLG Hamm, Beschl.v.5.8.1980 - 1 Ss OWi 831/80 -, NJW 1980, 2822 [2823].
[227] OLG Hamm, Beschl.v.5.8.1980 - 1 Ss OWi 831/80 -, NJW 1980, 2822 [2823].
[228] *Schwade*, Probleme des Baumschutzes in den Kommunen, StGr. 1992, 108 [115].
[229] *Otto*, Rechtliche Probleme bei der Anwendung von Baumschutzregelungen, NVwZ 1986, 900 [901]; *Kunz*, Schutz, Pflege und Erhaltung des Baumbestandes, DÖV 1987, 16 [18]; *Schwade*, Probleme des Baumschutzes in den Kommunen, StGr. 1992, 108 [115].
[230] vgl. VGH Mannheim, Beschl.v.28.9.1984 - 5 S 3072/83, NVwZ 1985, 63 [63]; OVG Bremen, Urt.v. 26.3.1985 - OVG 1 BA 85/84, DÖV 1985, 729 [730].
[231] *Otto*, Die Bestimmung des Grundeigentums, Das Gartenamt 1991, 396 [396].

Tatbestandsvoraussetzungen erfüllt sind, so dass der Behörde diesbezüglich kein Ermessen zusteht.[232]

Gemäß § 6 Abs. 2 S. 1 der Muster-Baumschutzsatzung können von den Verboten des § 4 im Einzelfall Befreiungen erteilt werden, wenn das Verbot zu einer nicht beabsichtigten Härte führen würde und eine Befreiung mit den öffentlichen Interessen vereinbar wäre. Gemäß § 6 Abs. 2 S. 2 der Muster-Baumschutzsatzung kann eine Befreiung auch aus Gründen des allgemeinen Wohls erfolgen. Hiernach muss also eine Abwägung der dafür und dagegen streitenden Gesichtspunkte im Rahmen einer Ermessensentscheidung getroffen werden, wobei dem Baumschutz Vorrang einzuräumen ist.[233]

Inhalts- und Schrankenbestimmungen müssen auch dem Grundsatz der Verhältnismäßigkeit entsprechen.[234] Dies bedeutet, dass die gesetzliche Eigentumsbindung vom geregelten Sachgebiet her geboten sein muss und nicht weitergehen darf, als der Schutzzweck reicht, welchem die Regelung dient.[235] Dazu gehört, dass die eingreifende Regelung geeignet und erforderlich ist und das mit ihr verfolgte Ziel nicht außer Verhältnis zu dem beeinträchtigten Grundrecht steht.[236] Ohne die Einschränkung der Eigentumsbefugnis dahin, einen Baum nicht zu verändern, könnte der angestrebte Zweck der Baumerhaltung nicht erreicht werden.[237] Mithin ist diese Ausgestaltung einer Baumschutzregelung auch geeignet und notwendig.[238] Es ist dabei einerseits zu berücksichtigen, dass Art. 14 Abs. 1 S. 1 GG zunächst die Erhaltung der Substanz des Eigentums und damit die Privatnützigkeit mit den damit grundsätzlich verbundenen Verfügungsbefugnissen sicherstellen will.[239] Andererseits muss berücksichtigt werden, dass dem jeweiligen Gesetzgeber im Hinblick auf die Sozialbindung des Eigentums ein relativ weiter Beurteilungsspielraum zusteht und dem Umweltschutz ein hoher Stellenwert

[232] *Otto*, Die Bestimmung des Grundeigentums, Das Gartenamt 1991, 396 [396].
[233] *Otto*, Die Bestimmung des Grundeigentums, Das Gartenamt 1991, 396 [396].
[234] *Pieroth/Schlink*, Grundrechte, § 23, Rn. 1007.
[235] BVerfGE 50, 290 [341]; OLG Düsseldorf, Urt.v.20.4.1988 - 9 U 228/87, NJW 1989, 1807 [1808]; *Steinberg*, Baumschutzsatzungen und -verordnungen, NJW 1981, 550 [556]; *Günther*, Rechtsprobleme des kommunalen Baumschutzes, S. 107.
[236] BVerfGE 8, 71 [80]; BVerfGE 21, 73 [86]; BVerfGE 50, 290 [341]; BVerfGE 53, 257 [292f.]; OLG Düsseldorf, Urt.v.20.4.1988 - 9 U 228/87, NJW 1989, 1807 [1808].
[237] *Otto*, Zivilrechtliche Auswirkungen von Baumschutzregelungen, RdL 1993, 113 [113].
[238] *Otto*, Zivilrechtliche Auswirkungen von Baumschutzregelungen, RdL 1993, 113 [113].
[239] BVerfGE 58, 300 [335]; *Günther*, Rechtsprobleme des kommunalen Baumschutzes, S. 107.

zukommt.[240] Die schutzwürdigen Interessen der Beteiligten müssen in ein ausgewogenes Verhältnis gebracht werden.[241] Das Wohl der Allgemeinheit ist nicht nur Grund, sondern auch Grenze für die dem Eigentümer aufzuerlegenden Beschränkungen.[242] Diesen Anforderungen genügt sowohl die gesetzliche Ermächtigung als auch die auf ihrer Grundlage ergangene Baumschutzsatzung.[243] Die Verfügungsbeschränkungen belasten die Grundstückseigentümer nicht übermäßig, sie sind für diese zumutbar.[244]

Die in einer Baumschutzverordnung enthaltenen Bestimmungen über das Entfernen und Zerstören von Bäumen ist daher mit der Eigentumsgarantie des Art. 14 Abs. 1 S. 1 GG vereinbar, da ein derartiges Verbot in zulässiger Weise Inhalt und Schranken des Grundeigentums bestimmt.[245] Die grundrechtlich garantiere Rechtstellung wird nicht dadurch betroffen, dass der Grundstückseigentümer nicht ohne weiteres über die in seinem Eigentum stehenden Bäume verfügen kann, wenn sie eine bestimmte Größe erreicht haben.[246] Derartige Verfügungsbeschränkungen dienen dem Wohl der Allgemeinheit.[247] Die entgegenstehenden Interessen der betroffenen Grundstückseigentümer sind ausreichend berücksichtigt, da im Einzelfall eine Erlaubnis oder Befreiung möglich ist.[248]

Die Eingriffe aufgrund der Inhalts- und Schrankenbestimmungen sind verfassungsrechtlich gerechtfertigt. Damit sind also Baumschutzsatzungen mit der Eigentumsgarantie des Art. 14 Abs. 1 S. 1 GG vereinbar.

---

[240] *Günther*, Rechtsprobleme des kommunalen Baumschutzes, S. 107.
[241] *Schwab*, Baumschutzverordnung und Eigentumsgarantie, DWW 1985, 23 [23].
[242] *Schwab*, Baumschutzverordnung und Eigentumsgarantie, DWW 1985, 23 [23].
[243] *Schwab*, Baumschutzverordnung und Eigentumsgarantie, DWW 1985, 23 [23].
[244] *Schwab*, Baumschutzverordnung und Eigentumsgarantie, DWW 1985, 23 [23].
[245] OVG Bremen, Urt.v.26.3.1985 - OVG 1 BA 85/84 -, DÖV 1985, 729 [730]; VGH Mannheim, Beschl.v.28.6.1984 - 5 S 3072/83 -, NVwZ 1985, 63 [63]; *Schwab*, Baumschutzverordnung und Eigentumsgarantie, DWW 1985, 23 [23].
[246] VGH Mannheim, Beschl.v.28.6.1984 - 5 S 3072/83 -, NVwZ 1985, 63 [63]; *Schwab*, Baumschutzverordnung und Eigentumsgarantie, DWW 1985, 23 [23].
[247] VGH Mannheim, Beschl.v.28.6.1984 - 5 S 3072/83 -, NVwZ 1985, 63 [63]; *Schwab*, Baumschutzverordnung und Eigentumsgarantie, DWW 1985, 23 [23]; *Günther*, Baumschutzrecht, S. 20, Rn. 28.
[248] VGH Mannheim, Beschl.v.28.6.1984 - 5 S 3072/83 -, NVwZ 1985, 63 [63f.]; *Schwab*, Baumschutzverordnung und Eigentumsgarantie, DWW 1985, 23 [23].

b) Vereinbarkeit mit Art. 13 GG

Weiterhin ist die Vereinbarkeit der Baumschutzsatzungen im Hinblick auf das behördliche Betretungs- und Besichtigungsrecht mit Art. 13 Abs. 1 GG problematisch.

aa) Schutzbereich

Der sachliche Schutzbereich des Art. 13 GG schützt die Wohnung, also die räumlich geschützte Privatsphäre.[249] Der Garten bzw. die Fläche, auf welcher die betroffenen Bäume stehen, stellt zwar keine Wohnung im engeren Sinne dar. Von Art. 13 GG werden jedoch auch nicht umbaute Flächen erfasst, wenn sie gegenüber der Öffentlichkeit real abgeschirmt sind oder sich in unmittelbarer Nähe eines Gebäudes befinden, wie z.B. der Garten.[250]
Art. 13 GG ist somit auch auf Bäume auf einem privaten Grundstück anwendbar.

bb) Eingriff

Ein Eingriff in den Schutzbereich besteht in einem körperlichen oder sich technischer Hilfsmittel bedienenden unkörperlichen Eindringen in die Wohnung und dortigen Verbleiben durch die staatliche Gewalt.[251] Art. 13 Abs. 1 GG wird damit durch jede Verletzung der Privatheit der Wohnung durch staatliche Stellen beeinträchtigt.[252] Diese Voraussetzung erfüllt jedes Betreten.[253] Das Betreten zum Zwecke der Durchführung der Baumschutzsatzung nach § 11 der Muster-Baumschutzsatzung stellt einen sonstigen Eingriff nach Art. 13 Abs. 7 GG dar. Danach sind die Beauftragten der Kommune berechtigt, nach angemessener Vorankündigung mit Zustimmung des Eigentümers oder Nutzungsberechtigten zum Zwecke der Durchführung dieser Satzung Grundstücke zu betreten, § 11 S. 1 der Muster-Baumschutzsatzung. Aufgrund dieser Zustimmungsvoraussetzung ist es nicht problematisch, dass das Betreten durch eine Ordnungsbehörde durchgeführt wird. Denn wenn eine Zustimmung des Berechtigten vorliegt, kommt ein

---

[249] *Jarass*, in: Jarass/Pieroth, GG, Art. 13, Rn. 4.
[250] *Jarass*, in: Jarass/Pieroth, GG, Art. 13, Rn. 4; *Dreßler/Rabbe*, Kommunales Baumschutzrecht, S. 63.
[251] *Pieroth/Schlink*, Grundrechte, § 22, Rn. 951.
[252] *Jarass*, in: Jarass/Pieroth, GG, Art. 13, Rn. 7.
[253] BVerfGE 65, 1 [40]; *Jarass*, in: Jarass/Pieroth, GG, Art. 13, Rn. 7.

Eingriff in Art. 13 Abs. 1 GG nicht mehr in Betracht, da sie eine Verletzung ausschließt.[254]

Gemäß § 11 S. 3 der Muster-Baumschutzsatzung kann aber auf eine Vorankündigung verzichtet werden, sofern Gefahr im Verzuge besteht. Wenn der Eigentümer oder Nutzungsberechtigte dem Beauftragten der Kommune den Zutritt verweigert, entscheidet die Genehmigungsbehörde gemäß § 6 Abs. 1 nach freier Würdigung des Sachverhalts, § 11 S. 4 der Muster-Baumschutzsatzung. In diesen beiden Fällen besteht keine Zustimmung des Berechtigten, so dass ein Eingriff in Art. 13 Abs. 1 GG vorliegt.

cc) Verfassungsrechtliche Rechtfertigung

Sonstige Eingriffe sind unter den Voraussetzungen des Art. 13 Abs. 7 GG verfassungsrechtlich zulässig.[255] Problematisch ist das Erfordernis einer gesetzlichen Ermächtigungsgrundlage für das Betretungsrecht des § 11 der Muster-Baumschutzsatzung. Das satzungsrechtliche Betretungsrecht bezieht sich von vornherein aber nur auf das Grundstück und nicht auch auf die Wohnräume.[256] In diesem Fall wird wegen des deutlich schwächeren Grundrechtseingriffs eine explizite formellgesetzliche Regelung des Betretungsrechts für entbehrlich gehalten.[257]

Ein Betretungsrecht für private Grundstücke ist zur Kontrolle des Baumbestandes und zur Überwachung bei Maßnahmen zur Durchsetzung der Satzung unabdingbar, da ansonsten in vielen Fällen ein wirkungsvoller Baumschutz nicht durchzusetzen wäre.[258] Denn viele Grundstücke sind von außen nicht einsehbar; zudem ist es gerade im Hinblick auf den Stammumfang regelmäßig erforderlich, Messungen vor Ort durchzuführen.[259] Wenn der Grundstückseigentümer dem Beauftragten der Kommune den Zutritt versagt und dieser dann keine weiteren Möglichkeiten hätte, das Grundstück zu betreten, könnte die Kommune die Baumschutzsatzung nicht durchsetzen. Die Zulässigkeit des sofortigen Betretens eines Grundstückes zur Verhinderung einer rechtswidrigen Tat, welche den Bußgeldtatbestand des § 12 der Muster-

---

[254] *Kühne*, in: Sachs, GG, Art. 13, Rn. 23.
[255] *Pieroth/Schlink*, Grundrechte, § 22, Rn. 963.
[256] *Dreßler/Rabbe*, Kommunales Baumschutzrecht, S. 63.
[257] *Dreßler/Rabbe*, Kommunales Baumschutzrecht, S. 64.
[258] *Günther*, Rechtsprobleme des kommunalen Baumschutzes, S. 272.
[259] *Günther*, Rechtsprobleme des kommunalen Baumschutzes, S. 272.

Baumschutzsatzung erfüllt, ergibt sich aus der vollstreckungsrechtlichen Regelung über den sofortigen Vollzug[260], vgl. § 6 Abs. 2 VwVG und § 55 Abs. 2 VwVG NW.

Das Betreten der Privatgrundstücke nach § 11 der Muster-Baumschutzsatzung ist damit verfassungsrechtlich gerechtfertigt. Es liegt keine Verletzung des Art. 13 GG durch die Baumschutzsatzung vor.

c) Vereinbarkeit mit Baurecht

Der Schutz von Bäumen ist ein Anliegen des Naturschutzes, aber auch ein Regelungsbereich des Städtebau- und Bauordnungsrechts.[261] Einerseits hat das Baurecht in Form des Planungsrechts für den Naturschutz teilweise eine positive Wirkung; andererseits gehört die Baufreiheit zu den grundrechtlich geschützten Inhalt des Eigentums, so dass Baurecht und Naturschutzrecht in Konflikt miteinander geraten können.[262] Insbesondere stellen sich Konkurrenzfragen im Innenbereich, wenn für ein Bauvorhaben geschützter Baumbestand weichen muss. Daher wird nun das Verhältnis des Baurechts zum Baumschutzrecht geklärt.

aa) Festsetzungen im Bebauungsplan gemäß 9 Abs. 1 Nr. 25 BauGB

Neben der Möglichkeit, gemäß § 45 LG NW eine Baumschutzsatzung innerhalb des Geltungsbereichs der Bebauungspläne und des im Zusammenhang bebauten Ortsteils zu erlassen, können gemäß § 9 Abs. 1 Nr. 25 BauGB im Bebauungsplan für einzelne Flächen oder für ein Bebauungsplangebiet oder Teile davon Bindungen für Bepflanzungen und für die Erhaltung von Bäumen, Sträuchern und sonstigen Bepflanzungen sowie von Gewässern festgesetzt werden.

Sind durch diejenigen Festsetzungen bereits Bäume unter Schutz gestellt, so folgt daraus nicht zwangsläufig, dass ein zusätzlicher Schutz durch naturschutzrechtliche Regelungen entbehrlich und damit nicht erforderlich ist.[263]

Die Festsetzung gemäß § 9 Abs. 1 Nr. 25 BauGB darf allein aus städtebaulichen Gründen erfolgen, das heißt, wenn ein bestimmtes Ortsbild,

---

[260] *Dreßler/Rabbe*, Kommunales Baumschutzrecht, S. 65.
[261] *Kunz*, Schutz, Pflege und Erhaltung des Baumbestandes, DÖV 1987, 16 [18].
[262] *Günther*, Rechtsprobleme des kommunalen Baumschutzes, S. 182f.
[263] VGH Mannheim, Urt.v.9.5.1985 - 5 S 3205/84, NVwZ 1986, 955 [956]; *Führen*, in: Lübbe-Wolff, Umweltschutz, Rn. 462, S. 243.

eine im übrigen zum Teil bebaubare Landschaft in ihrer Eigenart oder auch das städtische Klima erhalten oder verbessert werden soll.[264] Die städtebaulichen Zwecke, welche einer bauplanungsrechtlichen Unterschutzstellung zugrunde liegen, sind mit den naturschutzrechtlichen Gründen einer Baumschutzsatzung nach § 45 LG NW nicht in vollem Umfang deckungsgleich.[265] Die Erforderlichkeit einer Baumschutzsatzung ist wegen der unterschiedlichen Regelungszwecke beider Rechtsmaterien allein nach dem Naturschutzrecht zu beurteilen.[266] Beide Instrumente können gleichrangig nebeneinander stehen.[267]

Wenn in einem Gebiet bereits Baumschutz besteht und die Baumschutzsatzung von einer höherrangigen Natur- oder Landschaftsschutz-behörde erlassen worden ist, geht diese einem neu aufzustellenden Bebauungsplan als Satzung der Gemeinde vor.[268] Sind dagegen Satzungsgeber für den Baumschutz und Satzungsgeber für den Bebauungsplan identisch, gilt nach den allgemeinen Rechtsregeln über die Rangfolge von Normen, dass die jüngere von gleichrangigen Normen der älteren vorgeht.[269] Eine bestehende Baumschutzregelung hat also Einfluss auf die nachfolgende Bauleitplanung im Sinne einer Bindungswirkung.[270] Obgleich für den Bebauungsplan eine Konzentrationswirkung abzulehnen ist, fließen verschiedene Belange in die Planungen ein.[271] Eine Baumschutzsatzung macht Festsetzungen in Bebauungsplänen über das Anpflanzen und über die Erhaltung von Bäumen aber nicht überflüssig.[272] Baumschutzregelungen beziehen sich ganz allgemein auf den Schutz von Bäumen mit einem bestimmten Mindestumfang.[273] Festsetzungen eines Bebauungsplanes dagegen werden aus städtebaulichen

---

[264] *Schwade*, Probleme des Baumschutzes in den Kommunen, StGr. 1992, 108 [109]; *Queitsch*, Baumschutzsatzungen und Landschaftsgesetz, StGr. 1993, 221 [222].

[265] VGH Mannheim, Urt.v.9.5.1985 - 5 S 3205/84, NVwZ 1986, 955 [956]; *Führen*, in: Lübbe-Wolff, Umweltschutz, Rn. 462, S. 243; *Queitsch*, Baumschutzsatzungen und Landschaftsgesetz, StGr. 1993, 221 [222].

[266] *Meßerschmidt/Schumacher*, Bundesnaturschutzrecht, 99. Aktualisierung, § 29, Rn. 52.

[267] VGH Kassel, Beschl.v.6.12.1988 - 3 TH 4358/88, NuR 1989, 228 [228f.]; *Schink*, Baumschutzsatzungen und -verordnungen, DÖV 1991, 7 [14]; *Schwade*, Probleme des Baumschutzes in den Kommunen, StGr. 1992, 108 [109].

[268] *Bartholomäi*, Baumschutzsatzungen und Baumschutzverordnungen, UPR 1988, 241 [247].

[269] *Hufen/Leiß*, Ausgewählte Probleme beim Erlass von Baumschutzverordnungen, BayVBl. 1987, 289 [294]; *Bartholomäi*, Baumschutzsatzungen und Baumschutzverordnungen, UPR 1988, 241 [247].

[270] *Steinberg*, Baumschutzsatzungen und -verordnungen, NJW 1981, 550 [553f.].

[271] *Kunz*, Schutz, Pflege und Erhaltung des Baumbestandes, DÖV 1987, 16 [19].

[272] *Kunz*, Schutz, Pflege und Erhaltung des Baumbestandes, DÖV 1987, 16 [19].

[273] *Kunz*, Schutz, Pflege und Erhaltung des Baumbestandes, DÖV 1987, 16 [19].

Gründe unter Berücksichtigung der bestimmten örtlichen Situation für bestimmte Flächen oder für bestimmte Bäume getroffen.[274] Die Frage nach dem Vorrang oder der spezielleren Norm stellt sich daher nicht, solange sich beide Regelungsbereiche ergänzen oder überlagern.[275]

Wenn in einem Gebiet bereits ein Bebauungsplan erlassen worden ist und eine Baumschutzsatzung neu erstellt werden soll, kann es zu Kollisionen kommen, in denen insgesamt oder in Einzelbereichen das Planungsrecht noch nicht verwirklicht worden ist.[276]

Selbst wenn der Bebauungsplan Erhaltungs- und Pflanzgebote nach § 9 Abs. 1 Nr. 25 BauGB enthält, ist der Satzungsgeber grundsätzlich nicht gehindert, diese Festsetzungen durch Maßnahmen nach dem Naturschutzrecht zu ergänzen oder zu überlagern.[277] Allerdings muss der Satzungsgeber zusätzlich einen Schutz der Bäume beabsichtigen und zudem muss dieser hinzutretende Schutz von der maßgeblichen Ermächtigungsgrundlage gedeckt sein.[278] Dies ergibt sich aus den unterschiedlichen Gesetzeszwecken: Für das Baurecht sind die Belange des Naturschutzes und der Landschaftspflege sowie der Erhalt und die Sicherung der natürlichen Lebensgrundlagen, § 1 Abs. 5 Nr. 7 BauGB, § 1 Abs. 7 Nr. 2 BauGB, nur zwei von vielen anderen städtebaulichen Planungszielen. Demgegenüber verfolgt das Naturschutzrecht nach dem BNatSchG und den Landesgesetzten gezielt den Schutz der freien und besiedelten Landschaft als Lebensgrundlage und Erholungsraum des Menschen, § 1 Abs. 1 BNatSchG.[279]

Weiterhin ist § 213 Abs. 1 Nr. 3 BauGB zu beachten, wonach ordnungswidrig handelt, wer einer in einem Bebauungsplan nach § 9 Abs. 1 Nr. 25 b) BauGB festgesetzten Bindung für Bepflanzungen und für die Erhaltung von Bäumen, Sträuchern und sonstigen Bepflanzungen sowie von Gewässern dadurch zuwiderhandelt, dass diese beseitigt, wesentlich beeinträchtigt oder zerstört werden. Soweit Bäume und Sträucher auch durch eine kommunale Baumschutzsatzung geschützt sind, kann ihre Zerstörung auch nach dieser

---

[274] *Kunz*, Schutz, Pflege und Erhaltung des Baumbestandes, DÖV 1987, 16 [19].
[275] *Kunz*, Schutz, Pflege und Erhaltung des Baumbestandes, DÖV 1987, 16 [18].
[276] *Bartholomäi*, Baumschutzsatzungen und Baumschutzverordnungen, UPR 1988, 241 [247].
[277] *Bartholomäi*, Baumschutzsatzungen und Baumschutzverordnungen, UPR 1988, 241 [247].
[278] VGH Mannheim, Urt.v.9.5.1985 - 5 S 3205/84 -, NVwZ 1986, 955 [956]; *Bartholomäi*, Baumschutzsatzungen und Baumschutzverordnungen, UPR 1988, 241 [247].
[279] *Bartholomäi*, Baumschutzsatzungen und Baumschutzverordnungen, UPR 1988, 241 [247].

Satzung als Ordnungswidrigkeit geahndet werden,[280] vgl. § 12 der Muster-Baumschutzsatzung. In diesen Fällen geht die speziellere Regelung der Baumschutzsatzung vor.[281]

bb) Festsetzungen im Bebauungsplan gemäß § 9 Abs. 1 Nr. 20 BauGB

Gemäß § 9 Abs. 1 Nr. 20 BauGB können in einem Bebauungsplan aus städtebaulichen Gründen die Flächen oder Maßnahmen zum Schutz, zur Pflege und zur Entwicklung von Boden, Natur und Landschaft festgesetzt werden. Festsetzungen nach § 9 Abs. 1 Nr. 20 BauGB können aber nur getroffen werden, soweit nicht Maßnahmen nach anderen Gesetzen möglich sind.[282] Eine Möglichkeit nach anderen Gesetzen ist aber gerade § 45 LG NW, der in Verbindung mit § 29 Abs. 1 BNatSchG und § 23 LG NW gesehen werden muss, so dass von dieser Möglichkeit in NRW hinsichtlich des Schutzes des Baumbestandes kein Gebrauch gemacht werden kann.

cc) Pflanzgebot

Nach § 178 BauGB kann die Gemeinde den Eigentümer durch Bescheid verpflichten, sein Grundstück innerhalb einer zu bestimmenden angemessenen Frist entsprechend den nach § 9 Abs. 1 Nr. 25 BauGB getroffenen Festsetzungen des Bebauungsplans zu bepflanzen. Diese Norm dient der Verwirklichung der Festsetzungen für Neuanpflanzungen.[283] Das Pflanzgebot kann im Wege der Ersatzvornahme oder mit Zwangsgeld durchgesetzt werden.[284] Es lässt die Möglichkeit unberührt, die Baugenehmigung mit der Auflage zu erteilen, Bäume und Sträucher i.S.d. § 9 Abs. 1 Nr. 25 BauGB anzupflanzen, wenn sich die Festsetzung für Anpflanzungen als Annex zur baulichen Nutzung darstellt.[285] Das Pflanzgebot kommt zudem als Maßnahme zur Sicherung der Durchführung naturschutzrechtlicher Ausgleichs- oder Ersatzmaßnahmen i.S.d. § 1a Abs. 3 BauGB in Betracht.[286]

---

[280] *Dippel*, in: Gronemeyer, Baugesetzbuch, § 213, Rn. 4.

[281] *Dippel*, in: Gronemeyer, Baugesetzbuch, § 213, Rn. 4; *Gürtler*, in: Göhler, OWiG, vor § 19, Rn. 34.

[282] *Schwade*, Probleme des Baumschutzes in den Kommunen, StGr. 1992, 108 [109].

[283] *Krautzberger*, in: Battis/Krautzberger/Löhr, BauGB, § 178, Rn. 1.

[284] *Klindt*, in: Gronemeyer, Baugesetzbuch, § 178, Rn. 7; *Krautzberger*, in: Battis/Krautzberger/Löhr, BauGB, § 178, Rn. 2.

[285] *Krautzberger*, in: Battis/Krautzberger/Löhr, BauGB, § 178, Rn. 2.

[286] *Klindt*, in: Gronemeyer, Baugesetzbuch, § 178, Rn. 3; *Krautzberger*, in: Battis/Krautzberger/Löhr, BauGB, § 178, Rn. 4.

dd) Nicht überbaute Flächen

Gemäß § 9 Abs. 1 S. 1 BauO NW sind die nicht überbauten Flächen der bebauten Grundstücke wasseraufnahmefähig zu belassen oder herzustellen, zu begrünen, zu bepflanzen und so zu unterhalten, soweit sie nicht für eine andere zulässige Verwendung benötigt werden. Nach § 9 Abs. 1 S. 2 BauO NW kann auch, wenn diese Flächen als Zugänge, Zufahrten, Flächen für die Feuerwehr, Stellplätze, Abstellplätze, Lagerplätze oder als Arbeitsfläche benötigt werden, deren Wasseraufnahmefähigkeit, Begrünung und Bepflanzung verlangt werden, soweit es Art und Größe dieser Anlagen zulassen. § 9 Abs. 1 S. 2 BauO NW stellt damit eine selbständige Ermächtigung gegenüber dem Bauherrn dar.[287] Die Behörde kann aber dem Bauherrn nicht im Einzelnen vorschreiben, welche Art von Bepflanzung er vorzunehmen hat.[288] Es bleibt die Entscheidung des Bauherrn, welche konkreten Bäume er anpflanzt, um dem behördlichen Gebot nach § 9 Abs. 1 S. 2 BauO NW gerecht zu werden.[289] Insofern ergänzt die bauordnungsrechtliche Vorschrift die bauplanerische Festsetzung und steht den naturschutzrechtlichen Belangen nicht entgegen.

ee) Schutz der Bäume an Baustellen

Gemäß § 14 Abs. 4 BauO NW müssen zu erhaltende Bäume, Sträucher und sonstige Bepflanzungen während der Bauarbeiten durch geeignete Vorkehrungen geschützt und ausreichend bewässert werden. Die Norm dient somit dem Schutz zu erhaltender Bepflanzungen unter dem Gesichtspunkt der Baudurchführung.[290] Eine bereits bestehende Baumschutzsatzung ist dabei besonders zu beachten.[291] Von § 14 Abs. 4 BauO NW sind solche Bepflanzungen nicht erfasst, die keinen besonderen Schutz nach öffentlich-rechtlichen Vorschriften genießen.[292] Diese können aufgrund des Eigentumsrechts am Grundstück von dem Grundstückseigentümer bzw. Bauherrn jederzeit ohne Genehmigung entfernt werden.[293]

---

[287] *Günther*, Rechtsprobleme des kommunalen Baumschutzes, S. 195.
[288] *Günther*, Rechtsprobleme des kommunalen Baumschutzes, S. 195f.
[289] *Günther*, Rechtsprobleme des kommunalen Baumschutzes, S. 196.
[290] *Czepuck*, in: Gädtke/Temme/Heintz/Czepuck, BauO NRW, § 14, Rn. 32.
[291] *Czepuck*, in: Gädtke/Temme/Heintz/Czepuck, BauO NRW, § 14, Rn. 34.
[292] *Czepuck*, in: Gädtke/Temme/Heintz/Czepuck, BauO NRW, § 14, Rn. 35.
[293] *Czepuck*, in: Gädtke/Temme/Heintz/Czepuck, BauO NRW, § 14, Rn. 35.

d) Vereinbarkeit mit Privatrecht und Nachbarschutz

Die Rechte von Grundstückseigentümern reichen nach § 903 BGB nur so weit, wie das Gesetz nicht entgegensteht, § 903 S. 1, Hs. 1 BGB. Baumschutzsatzungen stellen ein die Eigentümerstellung nach § 903 BGB einschränkendes Gesetz dar, indem das Fällen von Bäumen oder das Abschneiden von Ästen bzw. Wurzeln nicht ausnahmslos erlaubt ist.

Aus diesen Verboten folgt, dass die Beeinträchtigungen auch von den Nachbarn hinzunehmen sind.[294] Denn Bäume betreffen oft auch das Nachbargrundstück, indem sie z.B. Schatten oder Laub werfen oder Wurzeln und Äste auf das Nachbargrundstück wachsen. Baumschutz endet nicht an der Grundstücksgrenze.[295] Baumschutzrecht ist damit nicht nur für den Eigentümer des Baugrundstücks verbindlich, sondern auch für die Nachbarn.[296] Dass sie ihre sonst auf zivilrechtlicher Grundlage zustehenden Einwirkungsrechte nicht mehr ausüben können, wirkt sich insbesondere auf ihre Nachbarrechte aus § 906 und § 1004 BGB, aber auch auf das Selbsthilferecht i.S.d. § 910 BGB aus. Ersterer verpflichtet jeden Grundstückseigentümer, sogenannte unwägbare Stoffe hinzunehmen, welche von dem Nachbargrundstück auf das betroffene Grundstück einwirken. § 1004 BGB ist Anspruchsgrundlage, wenn z.B. ganze Baumstämme die Grundstücksgrenze überragen. § 910 BGB kommt in Frage, wenn die Beeinträchtigung allein von Zweigen und Wurzeln ausgeht. Streitigkeiten nach § 910 BGB entscheiden die Zivilgericht erst, wenn über die baumschutzrechtliche Genehmigung rechtskräftig entschieden wurde.[297] Daher empfiehlt es sich für den Nachbarn, zunächst diese Genehmigung anzustreben. Umgekehrt ist vorzugehen, wenn der Nachbar nach § 1004 BGB auf Beseitigung des Baumes klagt, da die Antragsbefugnis des Nachbarn nach der Baumschutzsatzung erst besteht, wenn der zivilrechtliche Beseitigungsanspruch feststeht.[298]

---

[294] *Schäfer*, NachbG NW, Vorb. §§ 40-48, Rn. 30.
[295] OLG Düsseldorf, Urt.v.20.4.1988 - 9 U 228/87, NJW 1989, 1807 [1808]; *Otto*, Nachbarrecht und Baumschutzrecht, UPR 1998, 187 [188]; *Schäfer*, NachbG NW, Vorb. §§ 40-48, Rn. 30; *Endres*, Eigentumsfreiheitsklage contra Naturschutz, S. 92.
[296] OLG Köln, Urt.v.17.2.1997 - 16 U 50/96 -, UPR 1998, 194 [195]; *Otto*, Nachbarrecht und Baumschutzrecht, UPR 1998, 187 [187].
[297] *Meßerschmidt/Schumacher*, Bundesnaturschutzrecht, 99. Aktualisierung, § 29, Rn. 98.
[298] *Höreth-Marquardt/Wedekind*, Bäume - rechtliches Konfliktpotential in einer Großstadt?, DÖV 2001, 1034 [1038]; *Meßerschmidt/Schumacher*, Bundesnaturschutzrecht, 99. Aktualisierung, § 29, Rn. 98.

Des Weiteren sind Einschränkungen des § 923 BGB nicht auszuschließen. Er ist die Anspruchsgrundlage, wenn ein Baum auf der Grundstücksgrenze steht. Einer näheren Betrachtung bedarf auch § 823 BGB, welcher die Schadensersatzansprüche des geschädigten Eigentümers nach der allgemeinen Verkehrssicherungspflicht regelt.

Die öffentlich-rechtlichen Baumschutzregelungen schließen also mitunter die privatrechtlichen Ansprüche aus oder schränken sie ein. Diese Wirkung von naturschutzrechtlichen Regelungen zum Schutz des Baumbestandes ist nach Art. 111 EGBGB zulässig, wonach landesrechtliche Vorschriften im öffentlichen Interesse das Eigentum beschränken können.[299] Einen solchen Inhalt haben Regelungen zum Schutz des Baumbestandes, so dass die Nachbarrechte aus § 906 und § 1004 BGB, insb. aber auch das Selbsthilferecht in § 910 BGB, nicht ausgeübt und durchgesetzt werden können.[300] Gleiches gilt für die landesrechtlichen Grenzabstandsregelungen, wie sie z.B. in § 41 NachbG NW enthalten sind. Diese werden durch die Baumschutzregelungen öffentlich-rechtlich überlagert. Als Inhalts- und Schrankenbestimmung des Eigentums wirkt diese nicht nur gegenüber dem Eigentümer des Baumes, sondern auch gegenüber den Nachbarn.[301]

aa) Überhang

§ 910 BGB gibt dem Eigentümer eines Grundstücks bei Wurzeln eines Baumes oder eines Strauches, welche von einem Nachbargrundstück eingedrungen sind, einen Anspruch auf Beseitigung bzw. ein Selbsthilferecht. Danach kann der beeinträchtigte Nachbar die eingedrungenen Wurzeln abschneiden und behalten, § 910 Abs. 1 S. 1 BGB. Gemäß § 910 Abs. 1 S. 2 BGB gilt das Gleiche bei herüberragenden Zweigen nach Fristsetzung. Ihr Abschneiden kann nur verlangt werden, wenn die Benutzung des eigenen Grundstücks dadurch beeinträchtigt wird, § 910 Abs. 2 BGB.

Unter der in § 3 Abs. 1 der Muster-Baumschutzsatzung geregelten Zielbestimmung der Pflege eines Baumes, ist ein Gestalten, das auf eine

---

[299] vgl. OVG Bremen Urt.v.26.3.1985- 1 BA 85/84, NVwZ 1986, 953 [954]; OLG Düsseldorf, Urt.v.20.4.1988 - 9 U 228/87, NJW 1989, 1807 [1807]; OLG Karlsruhe, Urt.v.16.12.1987 - 13 U 79/87, NuR 1988, 309 [310].
[300] OlG Düsseldorf, Urt.v.20.4.1988, NJW 1989, 1807 [1807]; *Otto*, Zivilrechtliche Auswirkungen von Baumschutzregelungen, NJW 1989, 1783 [1784]; *Schink*, Baumschutzsatzungen und -verordnungen, DÖV 1991, 7 [15].
[301] *Rosenzweig*, Das Rechtsinstitut "Geschützter Landschaftsbestandteil", NUR 1987, 313 [317f].

Erhaltung hinwirkt, zu verstehen.[302] Bei der einseitigen Beschneidung eines Baumes wird er weitgehend zerstört, da die Orientierungsbasis nicht der Baumwuchs, sondern die Grenzlinie ist, die den Umfang der Reduzierung bestimmt.[303] Wenn sich das kappen der Äste an der Grenze sogar auf stärkere Äste erstreckt, könnte die Standsicherheit des Baumes gefährdet werden, dessen Wurzeln sich auf den in Jahrzehnten gewachsenen Baum ausgerichtet haben.[304] Um dem Baum wieder Standsicherheit zu verschaffen, kann es gegebenenfalls sogar geboten sein, weitere Äste auf der entgegengesetzten Baumseite zu entfernen.[305]

Wie bereits erwähnt, ist hier allerdings Art. 111 EGBGB zu beachten. Danach bleiben landesgesetzliche Vorschriften, die im öffentlichen Interesse das Eigentum in Ansehung tatsächlicher Verfügungen beschränken und zu denen insbesondere auch das Naturschutzrecht gehört, unberührt.[306] Wenn Vorschriften der Baumschutzsatzung, welche öffentlich-rechtliche Beschränkungen von nachbarrechtlichen Ansprüchen sind, jedermann verbieten, geschützte Bäume zu entfernen, zu zerstören, zu schädigen oder ihren Aufbau wesentlich zu verändern, so schränkt diese Vorschrift die aus § 910 BGB folgende Befugnis ein, von einem Nachbargrundstück über die Grundstücksgrenze herüberragende Zweige eines geschützten Baumes abzuschneiden.[307] Art. 111 EGBGB macht insoweit eine Ausnahme von dem Grundsatz des Art. 31 GG, nach dem Bundesrecht Landesrecht bricht. Der in Art. 111 EGBGB enthaltene Vorbehalt gestattet eine landesrechtliche Regelung privatrechtlicher Eigentumsschranken, die die allgemeinen Herrschaftsbefugnisse des Eigentümers begrenzen bzw. einer inhaltlichen Verhaltensbindung unterwerfen.[308]

Zulasten des betroffenen Nachbarn wird eine Duldungspflicht, § 1004 Abs. 2 BGB, hinsichtlich des Überwuchses und des Wurzelwerks begründet. Sein

---

[302] *Otto*, Nachbarrecht und Baumschutzrecht, UPR 1998, 187 [187].
[303] *Otto*, Nachbarrecht und Baumschutzrecht, UPR 1998, 187 [187].
[304] *Otto*, Nachbarrecht und Baumschutzrecht, UPR 1998, 187 [187].
[305] *Otto*, Nachbarrecht und Baumschutzrecht, UPR 1998, 187 [187].
[306] vgl. BVerwG, Beschl.v.1.2.1996 - 4 B 303/95, NJW 1996, 1487 [1488]; OLG Hamm, Beschl.v.6.11.2007 - 3 Ss OWi 494/07, Das Grundeigentum 2008, 542 [542].
[307] OLG Hamm, Beschl.v.6.11.2007 - 3 Ss OWi 494/07 -, Das Grundeigentum 2008, 542 [542].
[308] OLG Frankfurt, Beschl.v.13.6.1991 - 1 U 122/89, NJW-RR 1991, 1364 [1365]; OLG Hamm, Beschl.v.6.11.2007 - 3 Ss OWi 494/07 -, Das Grundeigentum 2008, 542 [542].

Selbsthilferecht gemäß § 910 Abs. 1 BGB ist ausgeschlossen.[309] Ein Eingriff wäre damit nicht durch § 910 Abs. 1 BGB gerechtfertigt, sondern rechtswidrig, wenn das Selbsthilferecht durch die Baumschutzsatzung aufgehoben oder modifiziert worden wäre.[310]

bb) Grenzbaum

§ 923 BGB regelt den Grenzbaum, also den Baum, welcher an der Stelle, an der er derzeit aus der Erde tritt, von der Grenze durchschnitten wird.[311] Gemäß § 923 Abs. 2 S. 1 BGB kann jeder der Nachbarn die Beseitigung des Baumes verlangen. Auch dieser Anspruch kann durch öffentliches Recht ausgeschlossen werden.[312] Insbesondere stehen Baumschutzsatzungen aus dem gleichen Grund wie bei § 910 BGB einer Beseitigung entgegen.[313]

cc) Zuführung unwägbarer Stoffe

§ 906 BGB stellt in dem System der Eigentumsrechte die Ausgleichsvorschrift dar. Die Norm ist darauf gerichtet, unterschiedliche, prinzipiell aber gleichrangige Nutzungsinteressen der Grundstückseigentümer miteinander in Einklang zu bringen.[314] Würde es diese Regelung nicht geben, könnte sich jeder Eigentümer auf § 903 S. 1 BGB berufen, und mit seinem Grundstück nach Belieben verfahren und andere ausschließen.[315]

In Vertiefung der bereits oben bei § 6 der Muster- Baumschutzsatzung aufgeworfenen Problematik wird an dieser Stelle eine eingehende Untersuchung bezüglich des Laub- und Nadelfalls sowie der Beschattung eines Grundstückes in zivilrechtlicher Hinsicht vorgenommen. Diese Fälle treten in der Praxis vermehrt auf.

(1) Laub- und Nadelfall

Es kommt immer wieder vor, dass Laub, Nadeln oder auch andere Lebensäußerungen der Bäume, wie z.B. Blüten, Früchte, Samen und Bruchholz, auf ein angrenzendes Grundstück fallen. Es sind grundsätzlich die

---

[309] OLG Köln, Beschl.v.3.9.2003 - 19 U 120/03 -, VersR 2005, 125 [125].
[310] OLG Hamm, Urt.v.30.11.1992 - 5 U 163/92 -, OLG-Report Hamm 1993, 194 [194].
[311] BGH, Urt.v.2.7.2004 - V ZR 33/04, NJW 2004, 3328 [3329]; *Bassenge*, in: Palandt, BGB, § 923, Rn. 1.
[312] *Bassenge*, in: Palandt, BGB, § 923, Rn. 1.
[313] *Roth*, in: Staudinger, BGB, § 923, Rn. 7.
[314] *Müller*, Nachbars Laub, NJW 1988, 2587 [2587]; *Säcker*, in: Säcker/Rixecker, Münchener Kommentar, § 906, Rn. 1.
[315] *Müller*, Nachbars Laub, NJW 1988, 2587 [2587]; *Roth*, in: Staudinger, BGB, § 906, Rn. 1.

natürlichen Folgen des geschützten Baumbestandes. Diese Lebensäußerungen könnten Einwirkungen im Sinne von § 906 Abs. 1 S. 1 BGB sein. Eine Definition der Einwirkungen enthält § 906 BGB nicht. Vielmehr nennt er Beispiele für Einwirkungen. Es sind sinnlich wahrnehmbare, nicht wägbare Stoffe (Imponderabilien).[316] Die Aufzählung ist nicht abschließend, da § 906 Abs. 1 S. 1 BGB auch auf "ähnliche von einem anderen Grundstück ausgehende Einwirkungen" abstellt.

Einer Mindermeinung nach sind Kleinteile von Bäumen zwar Stoffe, die den in § 906 Abs. 1 BGB aufgezählten ähnlich sind, aber pflanzliche Einwirkungen darstellen, die auf Naturkräfte zurückzuführen sind und daher keine Einwirkung im Sinne von § 906 Abs. 1 BGB darstellen. Bloßes Untätigbleiben des Grundstückseigentümer gegenüber dem Wirken von Naturkräften stellt demnach keine Einwirkung dar.[317]

Dieser Auffassung kann nicht gefolgt werden. Eine Einwirkung i.S.d. § 906 BGB ist allenfalls zu verneinen, wenn die Beeinträchtigungen auf nicht beherrschbare Naturkräfte zurückgehen, die zudem nicht mit der Nutzung des Grundstückes in Zusammenhang stehen.[318] Bei Blätterfall ist es dagegen so, dass menschliches Verhalten die Einwirkung überhaupt erst ermöglicht hat oder weiter ermöglicht. Somit handelt es sich um Zuführungen pflanzlicher Immissionen vom Nachbargrundstück aus. Laubfall und alles, was damit zusammenhängt, stellt eine Einwirkung i. S. des § 906 BGB dar.[319] Laubfall ist eine natürliche Lebensäußerung eines Baumes, die hingenommen werden muss.[320] Die aufgezählten Lebensäußerungen (unter anderem Laub, Nadeln, Früchte, Blüten, Samen) von geschützten Bäumen sind allesamt als ähnliche Einwirkungen im Sinne des § 906 BGB anzusehen.[321]

---

[316] *Säcker*, in: Säcker/Rixecker, Münchener Kommentar, § 906, Rn. 27.
[317] LG Stuttgart, Urt.v.28.5.1980 - 13 S 15/18, NJW 1980, 2087 [2087]; AG Tecklenburg, Urt.v.14.2.1979 - 5 C 598/78, MDR 1981, 51 [51].
[318] *Müller*, Nachbars Laub, NJW 1988, 2587 [2587].
[319] *Roth*, in: Staudinger, BGB, § 906, Rn. 169; *Müller*, Nachbars Laub, NJW 1988, 2587 [2587]; *Britz*, Baumschutz durch umweltbewusste Nachbarrechtsjudikatur der Zivilgerichte, DÖV 1996, 505 [505].
[320] LG Dortmund, Urt.v.9.4.1986 - 1 S 599/84, NuR 1987, 143 [143f.]; *Otto*, Nachbarrecht und Baumschutzrecht, UPR 1998, 187 [187].
[321] OLG Frankfurt, Urt.v.14.7.1987 - 14 U 124/86, NJW 1988, 2618 [2619]; *Säcker*, in: MüKo § 906, Rn. 81; *Müller*, Nachbars Laub, NJW 1988, 2587 [2587]; *Otto*, Die Bestimmung des Grundeigentums, Das Gartenamt 1991, 396 [398].

Der Nachbar hat diese Einwirkungen gemäß § 906 Abs. 1 BGB zu dulden, wenn die Benutzung seines Grundstück hierdurch nur unwesentlich Beeinträchtigt wird. Unwesentlichkeit ist nach § 906 Abs. 1 S. 2 BGB gegeben, wenn die in Gesetzen oder Rechtsverordnungen festgelegten Grenz- oder Richtwerte von den nach diesen Vorschriften ermittelten und bewerteten Einwirkungen nicht überschritten werden. Ob eine Beeinträchtigung durch Laubfall unwesentlich und daher zu dulden ist, hängt vom konkreten Einzelfall ab, weshalb sich in der Rechtsprechung auch keine einheitliche Meinung findet.[322]

Überwiegend wird von der Rechtsprechung[323] und der Kommentarliteratur[324] die Auffassung vertreten, dass es sich in aller Regel bei den vom Winde verwehten pflanzlichen Immissionen um unwesentliche Beeinträchtigungen handelt. Laubfall ist ein Teil des Herbstes und damit auch Teil des menschlichen Lebens.[325] Selbst wenn man diese Einwirkungen aber im Einzelfall als wesentliche Beeinträchtigung ansehen will, ist sie dennoch zu dulden. Denn gemäß § 906 Abs. 2 S. 1 BGB ist eine wesentliche Beeinträchtigung dann zu dulden, wenn sie ortsüblich ist und nicht durch wirtschaftlich zumutbare Maßnahmen verhindert werden kann. Ortsüblichkeit soll vorliegen, wenn im maßgeblichen Vergleichsgebiet eine Mehrheit von Grundstücken mit nach Art und Umfang annähernd gleich beeinträchtigender Wirkung auf andere Grundstücke benutzt werden.[326] Beeinträchtigungen durch oben genannte Einwirkungen sind regelmäßig ortsüblich und nicht verhinderbar.[327]

---

[322] *Schmidt*, Streitobjekt Baum, Das Grundeigentum 1987, 478 [483]; *bejahend*: OLG Karlsruhe, Urt.v.9.3.1983 - 6 U 150/82, NJW 1983, 2886 [2886]; OLG Frankfurt, Urt.v.14.7.1987 - 14 U 124/86, NJW 1988, 2618 [2619]; LG Stuttgart, Urt.v.16.7.1985 - 27 O 310/85, NJW 1985, 2340 [2340]; *verneinend*: LG Ulm, Urt.v.22.10.1984 - 2 O 339/84-01, NJW 1985, 440 [441]; LG Karlsruhe, Urt.v.9.12.1983 - 9 S 248/83, MDR 1984, 401 [401f.]; LG Saarbrücken, Urt.v.5.6.1986 -2 S 185/84, NJW-RR 1986, 1341 [1341f.]; OLG Stuttgart, Urt.v.28.10.1987 - 9 U 161/87, NJW-RR 1988, 204 [204f.].
[323] OLG Stuttgart, Urt.v.28.10.1987 - 9 U 161/87, NJW-RR 1988, 204 [204]; LG Karlsruhe, Urt.v.9.12.1983 - 9 S 248/83, MDR 1984, 401 [401f.]; LG Ulm, Urt.v.22.10.1984 - 2 O 339/84-01, NJW 1985, 440 [441]; LG Stuttgart, Urt.v.16.7.1985 - 27 O 310/85, NJW 1985, 2340 [2340].
[324] *Säcker*, in: MüKo, § 906 Rn. 81; *Roth*, in: Staudinger, BGB, § 906 Rn. 169.
[325] LG Karlsruhe, Urt.v.9.12.1983 - 9 S 248/83, MDR 1984, 401 [401].
[326] BGH, Urt.v.17.12.1982 - V ZR 55/82, NJW 1983, 751 [751]; *Fehn/Laschet*, Die Bestimmung der Ortsüblichkeit, UPR 1998, 7 [8].
[327] *Roth*, in: Staudinger, BGB, § 906 Rn. 169.

Die Grenze des Hinzunehmenden und der Ortsüblichkeit wird im Einzelfall dann erreicht sein, wenn durch die Anpflanzung exotischer Gewächse Immissionen einer Art auftreten, welche in Mitteleuropa sonst nicht auftreten würden, oder wenn durch die Bodennutzung zu Erwerbszwecken Immissionen in einem Ausmaß entstehen, wie sie ein natürlich durchmischter Bewuchs nicht hervorbringen würde.[328]

Derartige Einwirkungen können auch nicht durch wirtschaftlich zumutbare Maßnahmen gemäß § 906 Abs. 2 S. 1 BGB verhindert werden.[329] Bei den hier in Rede stehenden Einwirkungen gibt es keine Maßnahmen, die sie verhindern könnten; jedenfalls dann nicht, wenn die Nutzung des Grundstücks mit Bäumen ortsüblich ist, da dann lediglich die Entfernung der Bäume denkbar wäre, was wiederum die Aufgabe der zulässigen Nutzung bedeuten würde.[330] Die Einwirkungen sind somit unvermeidbar. Der Laubfall im üblichen Rahmen muss auch von dem Nachbarn hingenommen werden.

(2) Beschattung

Bäume können zudem zu einer Beschattung von Gebäuden oder Freiflächen, wie Terrassen, Gärten und auch anderen Pflanzen, führen. Dies sind grundsätzlich natürliche Folgen der Baumexistenz.[331] Schattenwurf muss damit grundsätzlich hingenommen werden.[332] Beispielsweise ist an den geringen Tiefen der Abstandsflächen, welche § 6 BauO NW vorgibt, erkennbar, dass das Abstandflächenrecht kein Optimum an Tageslichtversorgung gewährleisten will und auch nicht vor Beschattung schützten kann.[333] Problematisch ist hier, dass durch geschützte Bäume Sonnenlicht genommen bzw. Schatten gegeben wird. Das ist nicht immer wünschenswert. Hier kommt es auf die Zumutbarkeit des Schattenwurfs an.

Eine beschattende Wirkung eines Baumes ist erst dann als ausreichender Grund für die Ausnahme von den Verboten einer Baumschutzsatzung anzusehen, wenn die Besonnungszeit weniger als ein bis zwei Stunden beträgt.[334] Deshalb verbietet § 49 Abs. 3 S. 2 BauO NW die reine Nordlage aller Wohn- und

---

[328] *Engel*, Blüten und Blätter aus Nachbars Garten, NuR 1982, 245 [247].
[329] *Müller*, Nachbars Laub, NJW 1988, 2587 [2588].
[330] *Müller*, Nachbars Laub, NJW 1988, 2587 [2588].
[331] *Otto*, Die Bestimmung des Grundeigentums, Das Gartenamt 1991, 396 [396].
[332] *Otto*, Nachbarrecht und Baumschutzrecht, UPR 1998, 187 [187].
[333] *Heintz*, in: Gädtke/Temme/Heintz/Czepuck, BauO NRW, § 6, Rn. 48.
[334] VGH Kassel, Urt.v.10.12.1993 - 3 UE 1772/93, NVwZ 1994, 1020 [1021].

Schlafräume. Eine wesentliche Beeinträchtigung liegt auch vor, wenn z.b. Fenster derart beschattet werden, dass dahinterliegende Räume, die zum dauernden Aufenthalt von Menschen dienen, während der Tageszeit nur mit künstlichem Licht benutzt werden können.[335]

Die Entziehung von Licht und Luft durch Bäume ist also nicht abwehrbar, da diese Einwirkungen negative Immissionen darstellen, welche nicht unter § 906 BGB fallen.[336] Es kann weder das Fällen von Bäumen noch das Kappen der Kronen oder die Auslichtung von Zweigen verlangt werden.[337] Eine Ausnahme ist nur für sehr seltene und ganz gravierende Ausnahmefälle auf Grund des nachbarlichen Gemeinschaftsverhältnisses möglich.[338]

(3) Ausgleichsanspruch

Hat der Grundstückseigentümer eine Gefahrenlage geschaffen, an deren Beseitigung er durch Rechtsvorschriften gehindert ist, kann er, wenn sich die Gefahr in einem Schaden des Nachbarn verwirklicht, diesem zum Ausgleich entsprechend § 906 Abs. 2 S. 2 BGB verpflichtet sein.[339] Gegebenenfalls entfällt der Entschädigungsanspruch, wenn in den Schutzbereich der Baumschutzsatzung widerrechtlich eingegriffen worden ist.[340] Unter bestimmten Voraussetzungen kommt auch eine "Laubfallrente" in Betracht.[341] Die "Laubrente" ist ein Ausgleichsanspruch wegen ungewöhnlich starker Beeinträchtigung eines Grundstücks durch von einem fremden Grundstück ausgehenden Laubfall.[342]

Wie gesehen ist von fremden Baumen auf ein Grundstück wehendes Laub grundsätzlich von dem Grundstückseigentümer zu dulden oder zu entfernen. Wenn der Laubfall allerdings ausnahmsweise eine wesentliche Beeinträchtigung des betroffenen Grundstücks darstellt, könnte eventuell eine Laubrente in Form eines jährlichen Geldbetrages nach § 906 Abs. 2 BGB zu

---

[335] *Otto*, Die Bestimmung des Grundeigentums, Das Gartenamt 1991, 396 [396].
[336] OLG Düsseldorf, Urt.v.18.9.2000 - 9 U 67/00, NVwZ 2001, 594 [595]; *Roth*, in: Staudinger, BGB, § 906, Rn. 122; *Schäfer*, NachbG NW, Vorb. §§ 40-48 , Rn. 1; *Endres*, Eigentumsfreiheitsklage contra Naturschutz, S. 16.
[337] *Roth*, in: Staudinger, BGB, § 906, Rn. 122.
[338] *Schmidt*, Streitobjekt Baum, Das Grundeigentum 1987, 478 [484]; LG Hamburg, Urt.v.20.7.1962 - 18 S 77/62, MDR 1963, 50 [51].
[339] BGH, Urt.v.17.9.2004 - V ZR 230/03, VersR 2005, 123 [123].
[340] OLG Köln, Beschl.v.3.9.2003 - 19 U 120/03 -, VersR 2005, 125 [125]; OLG Frankfurt aM, Urt.v.13.6.1991 - 1 U 122/89, NJW-RR 1991, 1364 [1365].
[341] Vgl. OLG Frankfurt, Urt.v.14.7.1987 - 14 U 124/86, NJW 1988, 2618 [2619f.]; LG Aachen, Urt.v. 27.1.1987 - 10 O 619/86, NuR 1989, 234 [234f.].
[342] *Otto*, Die Bestimmung des Grundeigentums, Das Gartenamt 1991, 396 [398].

zahlen sein[343]. Wird der bestimmte Baum aber von einer Baumschutzsatzung erfasst, schuldet der Eigentümer keine "Laubrente", da er nach den Vorschriften der Baumschutzsatzung gehindert ist, die Ursache für die Zahlungspflicht zu beseitigen.[344] Nicht allein der Eigentümer ist aus seinem Eigentum sozialpflichtig in der Weise, den Baum dulden zu müssen, sondern auch der Nachbar in der Weise, dass er die Lebensäußerungen des Baumes ohne Ausgleichsanspruch hinzunehmen hat.[345]

Danach wird aber verkannt, dass § 906 BGB nur das nachbarliche Verhältnis bestimmt, ohne etwa allgemeine Interessen in die Abwägung einzubeziehen.[346] Indessen besteht der Ausgleichsanspruch nach § 906 Abs. 2 S. 2 BGB nur, wenn die Duldungspflicht des Nachbarn auf § 906 Abs. 2 S. 1 BGB beruht. Das ist aber nicht der Fall, wenn sie sich aus der Baumschutzregelung ergibt.[347] Bei Vorliegen einer Baumschutzsatzung ist also ein Ausgleichsanspruch nach § 906 Abs. 2 S. 2 BGB ausgeschlossen. Denn der Eigentümer eines geschützten Baumes schuldet keine Laubrente, weil er selbst gehindert ist, die Ursache für die Zahlungspflicht zu beseitigen.[348] Insoweit überlagert Naturschutzrecht die zivilrechtliche Regelung des Nachbarverhältnisses.[349] Der Nachbar muss die Lebensäußerungen des Baumes ohne Ausgleichsanspruch hinnehmen, die ohnehin bei ihm meistens weniger gewichtig sind als beim Eigentümer des Standortgrundstücks.[350]

Sollten die Voraussetzungen des § 906 Abs. 2 S. 2 BGB trotz allem vorliegen, besteht ein Anspruch auf Ausgleich in Geld. Dieser Anspruch ist gerichtet auf die Kompensation der unzumutbaren Immission.[351] § 906 Abs. 2 S. 2 BGB gewährt dabei nur einen Ausgleich für den unzumutbaren Teil der Immission,

---

[343] OLG Karlsruhe, Urt.v.9.3.1983 - 6 U 150/82, NJW 1983, 2886 [2886].

[344] *Führen*, in: Lübbe-Wolff, Umweltschutz, Rn. 481, S. 255; *Otto*, Zivilrechtliche Auswirkungen von Baumschutzregelungen, RdL 1993, 113 [115].

[345] *Otto*, Zivilrechtliche Auswirkungen von Baumschutzregelungen, RdL 1993, 113 [115].

[346] *Otto*, Die Bestimmung des Grundeigentums, Das Gartenamt 1991, 396 [398].

[347] LG Dortmund, Urt.v.9.4.1986 - 1 S 599/84, NuR 1987, 143 [144];*Otto*, Die Bestimmung des Grundeigentums, Das Gartenamt 1991, 396 [398].

[348] OLG Frankfurt, Urt.v.13.6.1991 - 1 U 122/89, NJW-RR 1991 [1364f.]; *Britz*, Baumschutz durch umweltbewusste Nachbarrechtsjudikatur der Zivilgerichte, DÖV 1996, 505 [507].

[349] *Britz*, Baumschutz durch umweltbewusste Nachbarrechtsjudikatur der Zivilgerichte, DÖV 1996, 505 [507].

[350] LG Aschaffenburg, Urt.v.7.8.1986 - S 155/86, NJW 1987, 1271 [1271f.]; LG Aachen, Urt.v.24.2.1987 - 10 O 619/86, NuR 1987, 238 [238f.]; *Otto*, Die Bestimmung des Grundeigentums, Das Gartenamt 1991, 396 [398].

[351] *Müller*, Nachbars Laub, NJW 1988, 2587 [2588].

nicht für die gesamte Einwirkung.[352] Dies bedeutet bei pflanzlichen Immissionen, dass der Aufwand für die Beseitigung der Beeinträchtigung zu ersetzen ist.[353]

dd) Beseitigungs- und Unterlassungsanspruch

Nach § 1004 Abs. 1 BGB kann der Eigentümer von dem Störer die Beseitigung der Beeinträchtigung bzw. die Unterlassung verlangen, wenn das Eigentum in anderer Weise als durch Entziehung oder Vorenthaltung des Besitzes beeinträchtigt wird.

Folgen des Baumbestandes, wie z.B. Laubfall, Blütenstaub, Wurzeln, sind Beeinträchtigungen im Sinne des § 1004 Abs. 1 BGB und können daher grundsätzlich mit dem Unterlassungs- und Beseitigungsanspruch abgewehrt werden. Für das Vorliegen einer Beeinträchtigung wird vorausgesetzt, dass sie sich nicht in einer Entziehung oder Vorenthaltung des Besitz erschöpft, dass sich die Beeinträchtigung auf menschliches Verhalten zurückführen lässt und dass sie nicht in der Vergangenheit abgeschlossen ist, sondern noch fortdauert.[354] Erfasst sind somit nur solche Einwirkungen, auf die der Inanspruchgenommene in irgendeiner Weise Einfluss nehmen kann. Wenn er also aufgrund Baumschutzsatzung nicht über den Baum und dessen Bestand entscheiden kann, besteht kein Anspruch aus § 1004 Abs. 1 BGB. Der Laubfall und die anderen Folgen des Baumbestandes sind dann nicht mehr steuerbar und damit auch keine dem Eigentümer zurechenbaren Vorgänge. Die naturschutzrechtliche Duldungspflicht bildet eine Einwendung i.S.d. § 1004 Abs. 2 BGB,[355] ebenso wie die Vorschriften des Nachbarrechts nach §§ 906ff. BGB und Art. 124 EGBGB.[356]

ee) Schadensersatz- und Verkehrssicherungspflicht

Der Eigentümer eines Baumes, welcher unter eine Baumschutzsatzung fällt, hat gegen einen Nachbarn, welcher von dem Baum Äste oder Wurzeln abschneidet, keinen Schadensersatzanspruch aus § 823 Abs. 1 BGB wegen Eigentumsverletzung, da die Beschränkung des Selbsthilferechts nur in dem

---

[352] *Roth*, in: Staudinger, BGB, § 906, Rn. 262; *Müller*, Nachbars Laub, NJW 1988, 2587 [2588].

[353] OLG Karlsruhe, Urt.v.9.3.1983 - 6 U 150/82, NJW 1983, 2886 [2886]; *Müller*, Nachbars Laub, NJW 1988, 2587 [2589].

[354] *Baldus*, in: Säcker/Rixecker, Münchener Kommentar, § 1004, Rn. 24ff.

[355] BGH NJW 1995, 395 [396]; *Bassenge*, in: Palandt, BGB, § 1004, Rn. 39; *Endres*, Eigentumsfreiheitsklage contra Naturschutz, S. 94.

[356] *Bassenge*, in: Palandt, BGB, § 1004, Rn. 38.

Verhältnis zur öffentlichen Gewalt wirkt.[357] Baumschutzsatzungen sind auch keine Schutzgesetze i.S.d. § 823 Abs. 2 BGB, da sie als Schutzzweck das öffentliche Interesse an der Erhaltung bestimmter Bäume haben.[358] Das Hinüberfallenlassen von z.B. Laub stellt objektiv eine Eigentumsverletzung i.S.d. § 823 Abs. 1 BGB dar. Liegen jedoch die Voraussetzungen des § 906 BGB vor, kann Schadensersatz nicht verlangt werden, weil der Vorgang auf Grund der den Nachbarn treffenden Duldungspflicht gerechtfertigt ist.[359] Überschreiten dagegen die Einwirkungen die Grenzen des § 906 BGB kann der Nachbar bei Vorliegen eines Verschuldens auch Schadensersatz verlangen.[360]

Aus § 823 BGB ergibt sich auch die allgemeine Verkehrssicherungspflicht für Bäume.[361] Bei Bäumen, die einer Baumschutzsatzung unterliegen, verbleibt die Verkehrssicherungspflicht beim Eigentümer, solange dieser nicht in seiner Verfügungsgewalt beschränkt ist.[362] Ihr Umfang richtet sich stets nach den tatsächlichen und rechtlichen Möglichkeiten der Gefahrenabwehr.[363] Wenn die zuständige Behörde z.B. dem Antrag des Baumeigentümers auf Fällung wegen Umsturzgefahr des Baumes nicht stattgibt und anschließend tritt in Folge des Sturzes des Baumes ein Schaden ein, haftet die zuständige Behörde nach Amtshaftungsgrundsätzen aus § 839 BGB i.V.m. Art. 34 GG.[364] Ein Schadensersatzanspruch kann dabei unter Umständen auch in einem Anspruch auf Befreiung von Schadensersatzansprüchen liegen, denen sich der Eigentümer im Verhältnis zu Dritten, welche durch den Baum Schäden erlitten haben, ausgesetzt sieht.[365] In solchen Fällen kann sich der Dritte auch direkt an die Behörde halten.[366] Der Nachweis der Umsturz- oder Bruchgefährdung eines

---

[357] *Roth*, in: Staudinger, BGB, § 910, Rn. 22.
[358] OLG Hamm, Urt.v.30.11.1992 - 5 U 163/92, OLG-Report Hamm 1993, 194 [195]; *Roth*, in: Staudinger, § 910, Rn. 22; *Otto*, Zivilrechtliche Auswirkungen von Baumschutz-regelungen, NJW 1989, 1783 [1784].
[359] *Schmidt*, Streitobjekt Baum, Das Grundeigentum 1987, 478 [483].
[360] *Schmidt*, Streitobjekt Baum, Das Grundeigentum 1987, 478 [484].
[361] *Günther*, Baumschutzrecht, S. 45, Rn. 76; *Günther*, Die zivilrechtliche Haftung bei geschützten Bäumen, NuR 1994, 373 [373].
[362] *Breloer*, Verkehrssicherungspflicht bei Bäumen, S. 45; *Otto*, Die Verkehrssicherungs-pflicht und Haftung für geschützte Bäume, NJW 1996, 356 [359].
[363] *Breloer*, Verkehrssicherungspflicht bei Bäumen, S. 45.
[364] *Breloer*, Verkehrssicherungspflicht bei Bäumen, S. 45; *Günther*, Die zivilrechtliche Haftung bei geschützten Bäumen, NuR 1994, 373 [375].
[365] *Günther*, Die zivilrechtliche Haftung bei geschützten Bäumen, NuR 1994, 373 [375].
[366] OLG Hamm, Urt.v.8.1.1993 - 9 U 100/92, NZV 1994, 27 [27f.]; *Günther*, Die zivilrechtliche Haftung bei geschützten Bäumen, NuR 1994, 373 [375].

geschützten Baumes obliegt aber grundsätzlich dem Antragsteller.[367] Er muss das Vorliegen eines Ausnahme- und Befreiungstatbestandes vortragen und weiterhin regelmäßig belegen.[368] Bei alten und erkennbar vorgeschädigten Bäumen kann von dem Baumeigentümer als Verkehrssicherungspflichtigen aber nicht verlangt werden, dass er das besondere Risiko eines Schadensfalles und die evtl. anfallenden Gutachterkosten trägt.[369] Deshalb soll er bei vorliegen der entsprechenden Schadensindizien einen Rechtsanspruch auf Ausnahmegenehmigung haben.[370] Dies ändert aber nichts an dem Grundsatz, dass die allgemeine Gefahr des Umstürzens eines Baumes bei einem Sturm als Begründung für die Behörde nicht ausreicht.[371] Denn dann würde fast jeder Baum darunter fallen. Die Satzung wäre ausgehöhlt.

ff) Auswirkungen auf Sondereigentum

Wenn es sich bei einer Freifläche mit geschütztem Baum um gemeinschaftliches Eigentum aller Wohnungs- und Teileigentümer handelt, gelten, abgesehen vom Wohnungseigentumsrecht, keine Besonderheiten; die Wohnungseigentümer sind wie ein Grundeigentümer den Baumschutzregelungen unterworfen.[372]

Ähnlich ist es, wenn bestimmte Freiflächen als Sondereigentum einzelner Wohnungseigentümer ausgewiesen sind. Soweit die Flächen mit geschützten Bäumen Sondereigentum bilden, bleiben sie im gemeinschaftlichen Eigentum, obgleich das Verfügungsrecht weitgehend einem einzelnen Wohnungseigentümer zusteht, der es im Rahmen des Gemeinschaftsverhältnisses ausüben darf.[373] Wenn auf einer solchen Sondereigentumsfläche ein geschützter Baum vorhanden ist, erstrecken sich die Miteigentümerrechte auf den Baum, weil er Grundstücksbestandteil ist.[374]

Mithin ist der Sachverhalt bei der Baumschutzregelung zu beurteilen, als wenn ein Baum im Gemeinschaftseigentum steht.[375]

---

[367] *Günther*, Die zivilrechtliche Haftung bei geschützten Bäumen, NuR 1994, 373 [375].
[368] *Günther*, Die zivilrechtliche Haftung bei geschützten Bäumen, NuR 1994, 373 [375]; *Otto*, Die Verkehrssicherungspflicht und Haftung für geschützte Bäume, NJW 1996, 356 [359].
[369] *Günther*, Die zivilrechtliche Haftung bei geschützten Bäumen, NuR 1994, 373 [376].
[370] *Günther*, Die zivilrechtliche Haftung bei geschützten Bäumen, NuR 1994, 373 [376].
[371] *Günther*, Die zivilrechtliche Haftung bei geschützten Bäumen, NuR 1994, 373 [376].
[372] *Otto*, Zivilrechtliche Auswirkungen von Baumschutzregelungen, RdL 1993, 113 [115].
[373] *Otto*, Zivilrechtliche Auswirkungen von Baumschutzregelungen, RdL 1993, 113 [115].
[374] *Otto*, Zivilrechtliche Auswirkungen von Baumschutzregelungen, RdL 1993, 113 [115].
[375] *Otto*, Zivilrechtliche Auswirkungen von Baumschutzregelungen, RdL 1993, 113 [115].

e) Strafrechtliche Regelungen

Seit dem 18. Strafrechtsänderungsgesetz 1980 enthält das Strafgesetzbuch naturschutzrechtliche Straftatbestände, die auch Bäume schützen.[376]

Zum einen kann § 303 Abs. 1 StGB betroffen sein. Die strafbare Handlung in Bezug auf Bäume liegt vor, wenn diese beschädigt oder zerstört werden, indem z.B. Äste abgerissen werden. Der Baum als Sache muss für den Täter fremd sein, so dass der Baumeigentümer eine Sachbeschädigung nach § 303 Abs. 1 StGB nicht begehen kann.

In Ausnahmefällen fallen Bäume unter den Schutz von § 304 StGB.[377] Danach wird bestraft, "wer rechtswidrig [...] Naturdenkmäler [...] oder Gegenstände, welche zum öffentlichen Nutzen oder zur Verschönerung öffentlicher Wege, Plätze oder Anlagen dienen, beschädigt oder zerstört". Maßgebend ist dabei das Gemeininteresse an der allgemeinen Nutzung der Gegenstände.[378]

Der Begriff des Naturdenkmals ist definiert in § 28 Abs. 1 Nr. 1 und Nr. 2 BNatSchG sowie in § 22 S. 1 LG NW. Danach sind Naturdenkmale "rechtsverbindlich festgesetzte Einzelschöpfungen der Natur oder entsprechende Flächen bis fünf Hektar, deren besonderer Schutz aus wissenschaftlichen, naturgeschichtlichen oder landeskundlichen Gründen oder wegen ihrer Seltenheit, Eigenart oder Schönheit erforderlich ist". Zu den Naturdenkmalen gehören unter anderem alte oder seltene Bäume oder Baumgruppen. Die Erfassung von Bäumen durch öffentlich-rechtliche Schutzmaßnahmen, wie Baumschutzsatzungen, Baumschutzverordnungen, landespflegerischen Begleitplan, Festsetzungen eines Bebauungsplans usw., führen aber nicht zur Annahme eines Naturdenkmals im Sinne von § 304 Abs. 1 StGB. Dies würde der engen Auslegung von Normen des Strafrechts zuwiderlaufen.[379]

Unter Gegenstände, die dem öffentlichen Nutzen dienen, fallen diejenigen Gegenstände, welche dem Publikum einen unmittelbaren Nutzen bringen.[380] Unmittelbarkeit ist anzunehmen, wenn das Publikum aus dem Gegenstand, hier

---

[376] *Günther*, Baumschutzrecht, S. 114, Rn. 191.
[377] *Günther*, Baumschutzrecht, S. 115, Rn. 192.
[378] *Molketin*, Bäume- taugliche Objekte einer gemeinschädlichen Sachbeschädigung?, UPR 1988, 426 [427].
[379] *Molketin*, Bäume- taugliche Objekte einer gemeinschädlichen Sachbeschädigung?, UPR 1988, 426 [427].
[380] *Molketin*, Bäume- taugliche Objekte einer gemeinschädlichen Sachbeschädigung?, UPR 1988, 426 [427].

also dem Baum selbst oder dessen Erzeugnissen oder Wirkungen, Nutzen ziehen kann.[381] Bäume auf öffentlichen Grundstücken können im Einzelfall Gegenstände des öffentlichen Nutzens sein und damit unter § 304 Abs. 1 StGB fallen, wenn sie das restriktiv auszulegende Merkmal der "Unmittelbarkeit" erfüllen.[382] Gegenstände, welche zur Verschönerung öffentlicher Wege, Plätze oder Anlagen dienen, dürfen nach § 304 Abs. 1 StGB ebenfalls nicht beschädigt oder zerstört werden. Öffentlich bedeutet, dass der Gegenstand, also der Baum, allgemein, mithin grundsätzlich für jedermann zugänglich ist.[383] Bäume auf Privatgrundstücken zählen hierzu gerade nicht.[384]

In den §§ 324 bis 330d StGB sind die Straftaten gegen die Umwelt geregelt. Vorschriften, die sich unmittelbar auf den Baumschutz anwenden lassen, finden sich darin aber nicht.

Wenn ein Straftatbestand mit einer Ordnungswidrigkeit gemäß einer Baumschutzsatzung zusammentrifft, so ist nach § 21 OWiG nur das Strafgesetz anzuwenden.[385]

3. Zusammenfassung

Die Muster-Baumschutzsatzung ist eine rechtsgültige Vorlage für den Erlass von Baumschutzsatzungen in den Kommunen. Solange sich die Kommunen bei der Satzungsgebung in dem gesetzlich vorgegebenen Rahmen halten, natürlich immer auch an die jeweiligen Gegebenheiten der Kommune angepasst, wird die Baumschutzsatzung nicht angreifbar sein und der Schutz der Bäume im Vordergrund stehen.

Bäume können und werden auch auf andere Art und Weise als durch Baumschutzsatzungen in der Kommune als schützenswert betrachtet und behütet. Zivilrechtlich und Strafrechtlich finden sich Möglichkeiten, Bäume zu beseitigen, aber auch Bäume zu schützen.

Es kommt, wie gesehen, immer auch auf den Einzelfall an. Dafür bedarf es einer eingehenden Überprüfung durch die Kommune, die auch in den

---

[381] BGHSt 31, 185 [186]; *Fischer*, StGB, § 304, Rn. 10; *Molketin*, Bäume- taugliche Objekte einer gemeinschädlichen Sachbeschädigung?, UPR 1988, 426 [427].
[382] *Molketin*, Bäume- taugliche Objekte einer gemeinschädlichen Sachbeschädigung?, UPR 1988, 426 [428].
[383] BGHSt, 10, 285 [286]; *Molketin*, Bäume- taugliche Objekte einer gemeinschädlichen Sachbeschädigung?, UPR 1988, 426 [428].
[384] *Fischer*, StGB, § 304, Rn. 12.
[385] *Günther*, Baumschutzrecht, S. 114, Rn. 191.

grundrechtlich geschützten Bereich gelangen kann. Wirklich verletzt werden Grundrechte dabei aber nicht, so dass der Baumschutz weiterhin in dieser Art durchgeführt werden kann.

V. Ausgestaltung des Baumschutzes in Beispielkommunen

Um das bisher gesagte anhand von Kommunen in NRW zu verdeutlichen, werden nun die Tätigkeiten der Kommunen bezüglich des Baumschutzes dargestellt, indem auf einige Beispielstädte eingegangen wird.

1. Beispiel-Baumschutzsatzungen

Der frühere Trend, dass fast jede Kommune eine Baumschutzsatzung erlassen hat, hat heutzutage stark abgenommen. Mittlerweile gibt es wieder mehr Städte und Gemeinden ohne eine Baumschutzsatzung.

Aus diesem Grund werden Städte mit und ohne Baumschutzsatzung aufgezeigt. Die Städte Detmold und Oberhausen dienen als Beispiele für Städte mit Baumschutzsatzung. Als Beispielstädte ohne Baumschutzsatzung dienen Bielefeld und Wuppertal. Sie sind zufällig ausgewählt worden, wobei lediglich darauf geachtet wurde, dass die Städte mit noch gültiger Baumschutzsatzung gleichrangig denen gegenüberstehen, die keine Satzung haben bzw. diese bereits wieder abgeschafft haben.

Zur Erlangung der Informationen wurde im Vorfeld mit den zuständigen Behörden der jeweiligen Städte gesprochen, welche mehr oder weniger bereitwillig Auskunft gegeben haben. Diese Informationen sind sodann in den Texten zur jeweiligen Stadt verarbeitet worden.

a) Detmold

In Detmold besteht eine, nach mehrmaligen Aktualisierungen heute noch gültige, Baumschutzsatzung[386] von 1994.

Diese gilt gemäß § 1 Abs. 1 der Satzung innerhalb der im Zusammenhang bebauten Ortsteile und im Geltungsbereich von Bebauungsplänen. Geschützt sind nach § 2 Abs. 1 der Satzung Bäume mit einem Stammumfang ab 100 cm, gemessen in einem Meter über dem Boden. Zudem werden mehrstämmige Bäume, welche an mindestens einem Stamm einen Umfang von 50 cm oder mehr haben, geschützt. Nicht aber Fichten, Lärchen, Pappeln und Obstbäume mit Ausnahme von Walnussbäumen und Esskastanien gemäß § 2 Abs. 3 der

---

[386] Text siehe Anhang III.

Satzung. Die Satzung zählt in § 3 Abs. 3 Maßnahmen auf, welche trotz Bestehens der Satzung erlaubt sind, z.B. fachgerechte Maßnahmen zur Pflege der geschützten Bäume oder Maßnahmen zur unmittelbaren Gefahrenabwehr. Die verbotenen Handlungen regelt § 3 Abs. 1 und Abs. 2. Diese Norm deckt sich mit § 4 der Muster-Baumschutzsatzung und stellt demnach auch eine verfassungsrechtlich gerechtfertigte Inhalts- und Schrankenbestimmung i.S.d. Art. 14 Abs. 1 S. 2 GG dar. Wenn ein Grundstückseigentümer gegen die Satzung verstößt, muss er gemäß § 9 der Satzung den Wert der Bäume entsprechende Ersatzpflanzungen vornehmen, oder, wenn dies nicht möglich ist, Ausgleichszahlungen leisten. Diese Zahlungen verwendet die Stadt Detmold zweckgebunden für Ersatzpflanzungen innerhalb des Geltungsbereichs. Eine Ausnahme oder Befreiung von der Satzung gibt es nach § 5. Sie muss bei der Stadt schriftlich beantragt werden.

Die Satzung der Stadt Detmold hält sich sehr eng an den Text der Muster-Baumschutzsatzung. Sie gestaltet ihren Schutz etwas kürzer, indem Bäume erst ab einem Stammumfang von 100 cm, anstatt nach der Muster-Baumschutzsatzung 80 cm, unter die Satzung fallen. Auch die mehrstämmigen Bäume werden in Detmold erst mit einem größeren Stammumfang geschützt, als nach der Muster-Baumschutzsatzung. Da jede Kommune selbst am besten weiß, wie sie ihre Bäume schützen muss und welche Bäume zu schützen sind, steht es ihr auch frei, den Stammumfang der zu schützenden Bäume größer oder kleiner festzulegen, so lange dies nicht dazu ausgenutzt wird, jeden Baum unter Schutz zu stellen, was wiederum zu Problemen mit Art. 14 Abs. 1 S. 1 GG führen würde.

Neben der Baumschutzsatzung gibt es in der Stadt Detmold die Aktion "Neue Bäume für Detmold". Finanziert wird die Aktion aus den Ausgleichszahlungen, die nach den Bestimmungen der städtischen Baumschutzsatzung für gefällte Bäume zu leisten sind. Mit diesen zweckgebundenen Einnahmen werden im Stadtgebiet Neuanpflanzungen von Gehölzen durchgeführt. In den letzten Jahren waren das mehr als tausend junge Bäume, darunter Schwarzerlen, Walnuss und Bergahorn, die auch zukünftig einen reichhaltigen Baumbestand in Detmold sichern und zum Klimaschutz beitragen sollen.

Weiterhin vergibt die Stadt ca. jedes Jahr einen bestimmten Bestand an neuen Bäumen, die von den angesparten Mitteln aus der Baumschutzsatzung gekauft werden, an interessierte Bürger. Dies erfuhr von den Bürgern jedes Mal eine große Resonanz. Nach kurzer Zeit waren die Bäume bereits vergeben und haben auf einem Privatgrundstück ein neues zu Hause gefunden.

In Detmold besteht also eine Baumschutzsatzung. Trotzdem gibt es ein gutes Zusammenwirken von Stadt und Bürgern. Das liegt nicht wenig daran, dass die Stadt sehr offen mit dem Thema "Baumschutz" umgeht und mit einschlägigen Aktionen die Bürger zu Neuanpflanzungen animiert.

b) Oberhausen

In Oberhausen trat die Baumschutzsatzung[387] 1979 in Kraft, um den Baumbestand zu sichern und zu mehren. Die Satzung liegt nun in der Fassung von 2003 vor. Überlegungen, diese abzuschaffen, gibt es aufgrund der schlechten Haushaltssituation und aus fachlichen Gründen nicht. Es wird aber überlegt, bei einer nächsten Aktualisierung die unzureichende Lichtzufuhr zu Wohnräumen nicht mehr als Grund einer Fällung gelten zu lassen. Dies wird damit begründet, dass das Lichtempfinden der Menschen sehr unterschiedlich ist und kaum mit exakten Werten bemessen werden kann. Aus Gründen der Gerechtigkeit soll jedenfalls die Höhe eines evtl. zu zahlenden Ersatzgeldes deutlich angehoben werden. Die zuständige Behörde hat beobachtet, dass sich aufgrund der Baumschutzsatzung Nachbarschaftsstreitigkeiten ergeben und diese über die Satzung erweitert und fortgeführt werden. Auch verstehen die wenigsten Bürger, dass sie für die Fällung eines Baumes auf ihren eigenem Grundstück eine Genehmigung beantragen müssen. Die Satzung an sich orientiert sich stark an der Muster-Baumschutzsatzungen. Sie weist insoweit keine Besonderheiten auf.

c) Bielefeld

In der Stadt Bielefeld gab es seit 1977 eine Satzung zum Schutz des Baumbestandes, welche in den Folgejahren immer wieder verändert und an die jeweils geltende Rechtsprechung angepasst worden ist. Mit Wirkung vom 15.07.2002 wurde diese Satzung aufgehoben, insbesondere aus politischen und finanziellen Gründen. Ein Teil der Politik sah und sieht in einer Baumschutzsatzung eine unnötige Bevormundung der Grundstückseigentümer. Zum anderen sollten durch die Aufhebung Personalkosten eingespart werden;

---

[387] Text siehe Anhang IV.

besonders in Zeiten von Nothaushalten, Haushaltsdefiziten und Haushaltssicherungskonzepten.

Seit dem 16.06.2009 hat die Stadt Bielefeld eine Baumerhaltungsrichtlinie (BER),[388] mit der sich die Stadtverwaltung und ihre kommunalen Unternehmen freiwillig verpflichtet haben, Bäume zu schützen. Die Inhalte orientieren sich sehr stark an denen einer Baumschutzsatzung. Die Stadtwerke Bielefeld und die Bielefelder Gemeinnützige Wohnungsgesellschaft mbH als Unternehmen außerhalb der Verwaltung haben sich inzwischen ebenfalls der Richtlinie angeschlossen. Nach über einem Jahr Erfahrung wird demnächst erörtert werden, welche Schlüsse aus der Praxis mit der BER zu ziehen sind und ob eine Baumerhaltungssatzung erforderlich ist.

Die BER untergliedert sich in sechs Teile. In Nr. 1 BER wird der Anlass der Richtlinie "zur Sicherung und Erhaltung des Baumbestandes" genannt und die Richtlinie als Selbstverpflichtung gekennzeichnet. Auch wird das Ziel, Bäume zu erhalten, Pflanzungen zu fördern und Fällungen nur vorzunehmen, wenn es unumgänglich ist, genannt. Nr. 2 BER stellt die Rahmenbedingungen auf. In Nr. 3 BER findet eine Konkretisierung des Ziels statt. Der von der Richtlinie geschützte Baumbestand wird in Nr. 4 BER bestimmt. Er orientiert sich an der Muster-Baumschutzsatzung indem es sich hierbei um Bäume, mit Ausnahme von Nadel- und Obstbäumen, mit einem Stammumfang von 80 cm und mehr, gemessen in einer Höhe von 1 m über dem Erdboden, handelt. Nr. 5 BER stellt auf die Zusammenarbeit zwischen allen zuständigen Stellen und Personen ab. Die Durchführung der Richtlinie zeigt Nr. 6 BER auf.

Mittlerweile werden Stimmen laut, welche sich für eine Wiedereinführung einer Baumschutzsatzung einsetzen. Unter anderem haben im Jahr 2006 Bielefelder Bürger den Verein "1.000 Bäume für Bielefeld" gegründet. Ein Ziel der Aktion "Bielefelder Bäume"[389] ist, die Diskussion um eine neue Baumschutzsatzung aufleben zu lassen. Auch gibt es die Initiative "Denk mal Baum"[390] mit regelmäßigen Treffen und Veranstaltungen. Ausgangspunkt ist die Frage, was die Bürger selber für den Baumschutz in Bielefeld tun können. Die Initiative bietet Baum-Exkursionen und Baumpatenschaften an. Zudem

---

[388] Text siehe Anhang V.
[389] www.bielefelder-bäume.de.
[390] www.korfftext.de/denkmalbaum.

besteht ein interdisziplinärer Arbeitskreis der Universität und der Stadt Bielefeld, der die Bedeutung und Wahrnehmung von Bäumen unter Bielefelder Bürgern erforschte: "Bielefeld 2000plus".[391] Dieser untersucht die Bedeutung von Bäumen für Lebensqualität, Standortattraktivität, Gesundheit und Ökologie in Bielefeld in Form quantitativer und qualitativer Studien.

In der Stadt Bielefeld haben sich die Bürger zunehmend in den Baumschutz eingemischt. Obwohl eine früher bestehende Baumschutzsatzung abgeschafft worden ist, wird Baumschutz weiterhin praktiziert. Es ist wohl nur eine Frage der Zeit, bis Bürger und Politik sich auf eine neue Baumschutzsatzung einigen können. Bis dahin gibt es in der Stadt genügend Arbeitskreise und Initiativen, welche offen auf die Bürger hinsichtlich des Baumschutzes zugehen.

d) Wuppertal

In Wuppertal gab es von 1981 bis 2007 eine Baumschutzsatzung. Aus welchem Grund sie 1981 eingeführt wurde, lässt sich nicht mehr aufklären. Mit Beschluss des Stadtrates wurde die Baumschutzsatzung der Stadt Wuppertal zum 01.07.2007 wieder abgeschafft. Dies geschah angeblich wegen des geänderten Bewusstseins der Bürger und ihrer Verantwortung für die Umwelt; außerdem wegen eines angeblichen und gewollten Bürokratieabbaus. Es wird spekuliert, ob dies die tatsächlichen Gründe waren. Die Resonanz auf die geplante Abschaffung war damals sehr kontrovers. Noch drei Jahre später gibt es regelmäßig kritische Stimmen gegen die Abschaffung. Auch wenn keine konkreten Zahlen bekannt sind, war zunächst eine deutliche Welle von Fällungen die Folge. Dies hat sich aber inzwischen wieder auf einem niedrigeren Niveau eingependelt. Vor einigen Monaten gab es einen Vorstoß der Opposition im Stadtrat für eine Wiedereinführung einer Baumschutzsatzung. Er wurde von der Ratsmehrheit, die 2007 die Abschaffung herbeigeführt hatte, abgelehnt.

Da es Widerstand gegen die Abschaffung der Baumschutzsatzung gab, besonders in Hinblick auf alte, große und markante Bäume im Stadtgebiet, ist der Ratsbeschluss zur Abschaffung der Satzung mit der Aufforderung gekoppelt worden, diese Bäume auf ihre Naturdenkmaleigenschaft zu prüfen und ggfs. unter Schutz zu stellen. Gleichzeitig sind Bürger und

---

[391] www.uni-bielefeld.de/bi2000plus.

Bezirksvertretungen aufgefordert worden, geeignete Bäume zu melden. Dabei kam es zu einem Eingang von fast 2.000 Vorschlägen. Allerdings waren nur relativ wenige hiervon geeignet und führten zu einem Naturdenkmalstatus. Zudem existiert ein "Programm der Stadt Wuppertal zur Förderung von Pflanzung, Pflege und Schutz von Bäumen".[392] Inhaltlich bezieht es sich darauf, dass Bürger innerhalb des Stadtgebietes formlos, kostenlos und in der Regel vor Ort eine Beratung zur Pflanzung, Pflege und Schutz von Bäumen erhalten können.

e) Zusammenfassung

Insgesamt ist zu sehen, dass der Baumschutz in den Kommunen ein wichtiges Thema ist. Egal, ob eine Baumschutzsatzung vorhanden ist oder nicht, Bäume werden geschützt. Wenn eine Baumschutzsatzung abgeschafft worden ist, erlässt die Stadt Richtlinien oder Programme, wie mit Bäumen umzugehen ist. Oder aber die Bürger werden tätig und gründen Arbeitskreise oder ähnliches, um auf sich und den Baumschutz aufmerksam zu machen, andere Bürger zu erreichen und ggf. zu mobilisieren. Es war und ist also weiterhin ein Anliegen, Bäume zu schützen.

2. Für und Wider einer kommunalen Baumschutzsatzung

Eine Baumschutzsatzung der Kommune mag den wirksamsten Baumschutz erzielen. Jedoch hat ein solch straffes Regelwerk immer auch Gegner und bringt Nachteile mit sich. Nachdem die verschiedenen Möglichkeiten des Baumschutzes in der Kommune aufgezeigt worden sind und am intensivsten auf die Baumschutzsatzung eingegangen ist, wird nun eine Abwägung stattfinden, welche Vor- und Nachteile eine Satzung jeweils für die Kommune und die Bürger mit sich bringt.

a) Abwägung aus kommunaler Sicht

Eine Baumschutzsatzung hat positive wie auch negative Wirkungen für die Kommune. Für den intensiven Schutz des Baumbestandes in der Kommune durch eine Baumschutzsatzung sprechen zuerst die Schutzzwecke des § 29 Abs. 1 S. 1 BNatSchG und deren Durchsetzung. Denn danach ist der besondere Schutz der geschützten Landschaftsbestandteile erforderlich zur Erhaltung, Entwicklung oder Wiederherstellung der Leistungs- und Funktionsfähigkeit

---

[392] Text siehe Anhang VI.

des Naturhaushalts, zur Belebung, Gliederung oder Pflege des Orts- oder Landschaftsbildes, zur Abwehr schädlicher Einwirkungen oder wegen ihrer Bedeutung als Lebensstätten bestimmter wild lebender Tier- und Pflanzenarten.

Mit einer Satzung kann auch ein Imagegewinn gegenüber anderen Kommunen einhergehen. In Kommunen, in welchen der Baumschutz nicht derart betrieben wird, herrscht evtl. Unklarheit oder Verunsicherung darüber und die Bürger der Kommune können, mangels klarer Regelungen, nicht umfassend beraten werden.

Eine Baumschutzsatzung trägt immer auch zu einer besseren Verständigung in der Kommune bei. Der Behörde steht ein Regelwerk zur Verfügung, welches sie bei Problemfällen heranziehen kann. Trotzdem bedarf es natürlich immer einer Betrachtung des Einzelfalles. Jedoch kann die Beratung des Bürgers, aufgrund der geklärten Lage, schneller und zufriedenstellender für beide Seiten abgewickelt werden.

Vor Erlass einer derartigen Satzung muss durch die Behörde Aufklärungsarbeit geleistet werden, damit die Bürger sich mit dieser, als Teil der Ausgestaltung ihres Lebens in der Kommune, identifizieren können und erkennen, dass sie nicht dazu erlassen worden ist, ihnen das Leben zu erschweren.

Es gibt natürlich auch verschiedene Aspekte, die aus Sicht der Kommune gegen eine Baumschutzsatzung sprechen: Zunächst der bestehende erhöhte Verwaltungsaufwand. Die Kommune verfolgt mit der Abschaffung bzw. mit dem Nichterlass einer Baumschutzsatzung den Bürokratieabbau und die Einsparung von Kosten. Eine finanzielle Belastung ist nicht von der Hand zu weisen, da die Kommune in der zuständigen Behörde Mitarbeiter benötigt, welche die Anfragen und Fällanträge der Bürger bearbeitet, Ortsbesichtigungen durchführt, Bürger sowie deren Nachbarn beschwichtigt und Ersatzpflanzungen und Ausgleichszahlungen bestimmt.

Trotz des Vorliegens einer Baumschutzsatzung kann es zudem zu illegalen Baumfällungen kommen. Denn eine Überwachung aller geschützten Bäume in der Kommune ist schlichtweg nicht möglich und verkennt auch den Sinn der Satzung. Der Bürger soll als eigenständiges Wesen gerade an dem Baumschutz freiwillig und in eigener Verantwortung mitwirken. Auch wenn illegale Baumfällungen vorkommen, sind diese eher minimal. Im Gegenteil sind durch die Satzungen in vielen Kommunen unnötige Fällmaßnahmen verhindert worden. Denn wenn die Bürger sich mit den Voraussetzungen der Erlangung einer Ausnahme oder Befreiung von der Satzung beschäftigen, bemerken sie evtl., wie wertvoll der Baum für sie ist und dass eine Ersatzpflanzung notwendig ist.

Eine Baumschutzsatzung stellt folglich ein wichtiges verwaltungsrechtliches Instrument der Umweltvorsorge dar.

Im Ergebnis halten sich positive und negative Aspekte die Waage. Aufgrund des hohen Verwaltungsaufwandes und der evtl. entstehenden Kosten für die Kommune besteht die Annahme, dass die negativen Aspekte zwar etwas überwiegen, durch die positiven Auswirkungen einer begrünten Kommune aber wieder aufgewogen werden.

b) Abwägung aus Sicht der Bürger

Baumschutzsatzungen stellen sich anfänglich dar, als würden sie allein den Bürger beschränken und ihn der Verfügungsmacht über sein Grundstück berauben wollen.

Es wird zum Teil dargestellt, als ob der Bürger aufgrund einer Baumschutzsatzung nicht mehr über die Bäume auf seinem Grundstück verfügen darf, was nicht mit dem Grundsatz des § 903 BGB zu vereinbaren wäre. Dies ist jedoch nicht richtig. Eine Baumschutzsatzung beinhaltet immer einen räumlichen und sachlichen Geltungsbereich. Wenn die Bäume des Eigentümers nicht in diesen fallen, kann der Bürger mit seinen Bäumen verfahren, wie es ihm beliebt, solange sie nicht nach anderen Vorschriften geschützt sind.

Eine Baumschutzsatzung hat nicht zum Ziel, den Bürger zu beschränken, sondern Bäume zu schützen. Dies ist auch im Interesse des Bürgers. Denn Bäume sind Sauerstofflieferanten. Ohne Pflanzen, insbesondere Bäume, wäre ein Leben auf der Erde praktisch unmöglich, da der Mensch ohne Sauerstoff nicht atmen kann. Erst mit Entstehung der Pflanzen wurden die Möglichkeiten für die Entstehung und Entwicklung des Menschen angelegt.

Bäume haben noch weitere, vielfältige Funktionen. Sie sind unter anderem Windbremser, Schallisolierer, Schattenspender und erhöhen die Luftfeuchtigkeit. Insbesondere in dicht besiedelten Kommunen bilden sie einen ästhetischen Anblick, welcher bei vielen Menschen zu einer Beruhigung und einem Ausgleich im hektischen Alltag beiträgt.

Es besteht somit ein öffentliches aber auch ein privates Interesse an dem Baumschutz auf Privatgrundstücken, so dass Bäume nicht nur der Verfügung des Eigentümers unterliegen können.

Viele Bürger haben dies erkannt und halten sich an freiwillige Regelungen der Kommune oder verbinden sich mit Gleichgesinnten und kämpfen in der Kommune für den Baumschutz und den Erlass einer Baumschutzsatzung. Wenn die Satzung nicht ausschließlich starre Regelungen beinhaltet, sondern mehr auf der Absprache und dem Verständnis von Bürger und Kommune beruht, kann ein einvernehmlicher Schutz der Baumbestände auf den Privatgrundstücken der Gemeinde durch eine Baumschutzsatzung effizient gewährleistet werden.

3. Zusammenfassung

Es wurden Städte vorgestellt, in welchen der Baumschutz als wichtig angesehen wird. In zwei Städten beseht eine Baumschutzsatzung, was zu Streitigkeiten aber auch zu Lösungen führen kann. In zwei Städten besteht keine Baumschutzsatzung mehr, jedoch gibt es Bürger, die sich dafür stark machen bzw. hat die Kommune freiwillige Regelwerke erlassen und lebt als gutes Beispiel für ihre Bürger den Baumschutz vor.

Das Für und Wider einer Baumschutzsatzung in der Kommune aus Sicht der Kommune und aus Sicht der Bürger wurde abgewogen. Ein einseitiges Ergebnis gibt es nicht. In einer Baumschutzsatzung verwirklichen sich immer positive und negative Aspekte, welche mit dem Baumschutz einhergehen. Jedoch ist es schon als erfreulich anzusehen, dass die negativen Aspekte nicht überwiegen und Baumschutz unter Bürgern auch ohne Vorgabe der Kommune zum Thema geworden ist.

VI. Endergebnis

Bäume im Innenbereich der Kommunen bilden einen wichtigen Teil der natürlichen Lebensgrundlagen des Menschen.[393] Sie sind ein wichtiger Bestandteil der Natur. Bäume beleben nicht nur die Kommunen, sondern tragen zur positiven Entwicklung des Lebensraumes bei. Zudem übernehmen

---

[393] *Otto*, Zivilrechtliche Auswirkungen von Baumschutzregelungen, NJW 1989, 1783 [1783].

sie viele Funktionen, z.B. Staubbindung und Begünstigung der Frischlustzufuhr. Dies führt zu einer Verminderung der Luftverschmutzung. Die Bäume beugen mit ihren Kronen einer Überwärmung von aufheizbaren Flächen vor. Die Sauerstoffversorgung und Lärmminderung kann durch die Auswahl bestimmter Baumarten positiv beeinflusst werden. Es heißt, wenn bei der Geburt eines Menschen drei neue Bäume gepflanzt werden, genügen diese, um den Menschen lebenslang mit Sauerstoff zu versorgen.[394]

Bäume haben auch eine psychologische Funktion. Sie stellen ein Naturerlebnis, ein Erleben von Farben und Zeiträumen anhand der jahreszeitlichen Veränderung sowie Erholung und Beruhigung dar. Sie dienen der Tierwelt, indem diese die Bäume als Lebens-, Brut- und Aufzuchtstätten benutzen. So können die am und im Baum lebenden Tiere auch den Bürgern, insbesondere deren Kindern, nähergebracht werden. Dadurch wird das Verständnis für die Natur entwickelt.

Auch wenn der Trend nach langen Jahren mit Baumschutzsatzung in den letzten Jahren eher zu der Kommune ohne Baumschutzsatzung tendierte, gibt es Kommunen und Bürger, die sich für mehr Baumschutz aussprechen und auch über den Erlass einer neuen Satzung nachdenken.

Natürlich hat eine solche Satzung den Nachteil, dass es für die Behörde z.B. mehr Verwaltungsaufwand bedeutet, für den Bürger dafür z.B. mehr Einschränkungen auf seinem Privatgrundstück. Jedoch sind sich im Ergebnis alle einig, dass Bäume nicht grundlos gefällt werden dürfen. Insbesondere nicht, wenn nicht für Ersatzpflanzungen gesorgt wird.

Die Aktionen, die es bereits in vielen Städten auf Bürgerinitiative gibt, zeigen deutlich, dass Einschränkungen hingenommen werden, wenn sie im Verhältnis zu dem erzielten Baumschutz stehen. Diese Aktionen sind jedenfalls eine gute Möglichkeit, den Baumschutz in der Kommune in stärkerem Umfang publik zu machen und den Bürgern aufzuzeigen, dass auch sie sich an dem Baumschutz beteiligen können, sollen und müssen. In diesem Zusammenhang ist den Bürgern ein Mitspracherecht einzuräumen, denn nur so werden sie sich nicht von den Politikern ihrer Kommune eingeschränkt fühlen.

---

[394] *Buff*, Bäume im Bild, S. 11.

Zudem sind es gerade die Bürger, die den Baumbestand in ihrem Garten am besten kennen. Dass ein Baum gefällt werden muss, wenn ein Bauprojekt verwirklicht werden soll, ist nachvollziehbar. Wenn nun die Gemeinde oder Stadt dem Bürger aufgibt, er dürfe in einer bestimmten Weise nicht bauen, weil ein Baum im Weg stehe, ist es nachvollziehbar, dass er mit Unverständnis reagiert. In solchen und ähnlichen Fällen müssen Bürger und Kommune daher mehr zusammenarbeiten und eine gemeinsame Lösung finden, die für alle Beteiligten und auch für die betroffenen Bäume am akzeptabelsten ist. Denn wenn der Bürger sieht, dass er angehört und verstanden wird, ist er auch eher bereit, Zugeständnisse hinzunehmen. Insbesondere wenn ihm erklärt wird, warum er diesen oder jenen Baum nicht fällen darf bzw. dann Ersatzpflanzungen oder Ausgleichszahlungen leisten muss.

Mitunter wird geäußert, dass eine Satzung nicht zeitgemäß ist oder ihr Erlass an sich nicht dem modernen Leben in der Kommune entspricht. Mangelnde Aktualität spricht aber eher für eine Aktualisierung gemäß modernen Standards, als für die Abschaffung bzw. Nichterlassung einer Satzung.

Wenn die Bäume auf den Privatgrundstücken in der Kommune bereits geschützt sind, sei es z.B. bauplanungsrechtlich oder im Wege des Naturdenkmalschutzes, ist es selbstverständlich fraglich, ob es einer Baumschutzsatzung überhaupt bedarf. Eine eindeutige Antwort im Sinne von "ja" oder "nein" kann hier nicht gegeben werden. Jede Kommune muss einen geringen oder sehr starken Baumschutz mit ihren Interessen und Zielen vereinbaren können. Vor allem muss die Kommune dies auch vor ihren Bürgern rechtfertigen können. Wenn die Bürger jedoch von selbst nach einer Satzung verlangen, sollten sie zumindest angehört werden. Natürlich müssen dann auch Bürgervertreter der Gegenmeinung angehört werden.

Eine andere Möglichkeit, einen Überblick über den zu schützenden Baumbestand zu erhalten und den Schutz zu betreiben, bilden Baumkataster. Danach kann die Behörde sehen, welche Bäume bestehen, welche gefällt werden sollen oder bei welchen eine Überprüfung notwendig oder vorgenommen worden ist. Dies ist allerdings wiederum mit vermehrten Verwaltungsaufwand, der insbesondere in der Aktualisierung des Katasters besteht, verbunden. Aufgrund einer Kartierung könnte eine Baumschutzsatzung entwickelt werden.

Bäume, die bereits als Naturdenkmäler erfasst sind, müssen nicht aufgenommen werden, da der Schutz als Naturdenkmal weiter geht, als der Schutz durch Baumsatzung.[395] Bäume, welche durch Bebauungsplan nach § 9 Abs. 1 Nr. 25 BauGB geschützt sind, sollten allerdings mit in das Kataster aufgenommen werden, da der durch die Baumschutzsatzung gewährte Schutz weiter geht als der durch das BauGB.[396] Dies ist auch § 3 Abs. 3 der Muster-Baumschutzsatzung zu entnehmen, welcher besagt, dass die Satzung auch für Bäume gilt, welche auf Grund von Festsetzungen eines Bebauungsplanes zu erhalten sind. Grundsätzlicher Schutz besteht auch für Ersatzpflanzungen, § 3 Abs. 3, 2. HS. der Muster-Baumschutzsatzung, da sie vom Stammumfang her sonst nicht von der Baumschutzsatzung erfasst wären und jederzeit wieder entfernt werden könnten.[397]

Ist also eine Baumschutzsatzung in der Kommune sinnvoll?

Man kann es nie allen Recht machen. Das macht gerade den Menschen aus. Schlussendlich soll hier keine Lanze für den Schutz von Bäumen in der Kommune durch Baumschutzsatzungen gebrochen werden. Dennoch wird diese Art des Baumschutzes als erfolgsversprechend, effizient und sinnvoll angesehen, wenn bestimmte Regeln eingehalten werden.

Zum einen hat die Arbeit gezeigt, dass die gesetzlichen Grundlagen für den Erlass einer Baumschutzsatzung bestehen. Um den Kommunen den Erlass zu erleichtern, besteht als Vorlage eine Muster-Baumschutzsatzung. Diese muss nicht bis ins Detail übernommen werden, sondern lässt Raum für eigene Gestaltungsmöglichkeiten, je nachdem, wie die Kommune ihren Baumschutz verwirklichen möchte. Der Landesgesetzgeber hat es freigestellt, welche Baumarten geschützt werden. Solange der Schutzzweck und der räumliche Geltungsbereich der Satzung hinreichen bestimmt sind, Verbote mit Ausnahmen und Befreiungen im Hinblick auf Art. 14 Abs. 1 GG definiert sind und auch die anderen Grundrechte und Grundfreiheiten Beachtung finden, besteht Satzungsfreiheit der Kommune.

---

[395] *Führen*, in: Lübbe-Wolff, Umweltschutz, Rn. 477, S. 254.
[396] *Führen*, in: Lübbe-Wolff, Umweltschutz, Rn. 477, S. 254.
[397] *Führen*, in: Lübbe-Wolff, Umweltschutz, Rn. 478, S. 254.

Wichtig ist, dass die Bürger mit dem Erlass einer Baumschutzsatzung nicht übergangen oder sogar überrollt werden. Ohne Bürger kann eine Kommune nicht bestehen. Jeder einzelne Bürger ist wichtig für den Zusammenhalt und die Gemeinschaft. Jeder dieser Bürger hat aber auch eine eigene Meinung. Dies ist wichtig und soll auch so sein, was uns gerade die Meinungsfreiheit des Art. 5 Abs. 1 S. 1, 1. HS GG immer wieder in Erinnerung ruft.

Eine Satzung muss also im Hinblick auf ihre Bürger mit diesen und für diese geschrieben werden. Wichtig ist Öffentlichkeitsarbeit, die Bürger sollen verstehen, wie und warum bestimmte Bäume geschützt werden und geschützt werden müssen. Baumschutz muss sozialverträglich sein, ansonsten kommt es zu Spannungen in der Kommune, die sich auf längere Sicht negativ auf das Klima der Kommune auswirken werden.

D. Zusammenfassung der wesentlichen Ergebnisse

- Bäume stellen für den Menschen seit jeher etwas schützenswertes dar. Ohne Bäume wäre ein Leben auf der Erde nicht möglich.

- Die älteste Baumschutzverordnung ist zurückführbar auf das Jahr 1677.

- Natur und Umwelt stellen die Grundlage des Baumschutzes dar.

- Die erste gesetzliche Grundlage des Naturschutzes ist die Weimarer Reichsverfassung von 1919, insbesondere deren Art. 150 Abs. 1 WRV.

- Durch die Neufassung des BNatSchG von 2010 werden Baumschutzsatzungen nicht überflüssig.

- Im Grundgesetz hat der Umwelt- und Naturschutz seit den 70er Jahren eine besondere Bedeutung.

- Das BNatSchG ist die bundesgesetzliche Grundlage des Baumschutzes.

- Das LG NW ist die landesgesetzliche Grundlage des Baumschutzes.

- Die Ermächtigungsgrundlage zum Erlass einer Baumschutzsatzung durch die Kommune ist § 29 BNatSchG, § 45 LG NW, § 1 LG NW, § 7 GO NW.

- Vorlage für die meisten kommunalen Baumschutzsatzungen in NRW ist die "Mustersatzung zum Schutz des Baumbestandes der Stadt/Gemeinde".

- Die Muster-Baumschutzsatzung NW verstößt nicht gegen Bundes- oder Landesgesetz. Sie ist rechtmäßig.

- Baumschutzsatzungen verstoßen daher auch nicht gegen das GG, insbesondere nicht gegen Art. 14 Abs. 1 S. 1 GG und Art. 13 Abs. 1 GG. Sie stellen verfassungsrechtlich gerechtfertigte Inhalts- und Schrankenbestimmungen des Eigentums dar.

- Baumschutzsatzungen sind neben baurechtlichen Vorschriften anwendbar und werden dadurch nicht entbehrlich.

- Baumschutz kann auch durch Zivilrecht erfolgen. Insbesondere die nachbarrechtlichen Normen des BGB sind anwendbar. Wenn die Bäume bereits durch Baumschutzsatzung geschützt sind, muss erst der öffentlich-rechtliche Weg beschritten werden.

- Die meisten Einwirkungen der Bäume auf das Nachbargrundstück, z.B. Laubfall oder Verschattungswirkungen, sind natürliche Folgen des Baumbestandes und daher unwesentliche Beeinträchtigungen bzw. zu dulden.

- Das beschädigen oder zerstören eines Baumes kann ggf. einen Straftatbestand des StGB erfüllen.

- Kommunen ohne Baumschutzsatzung schützen auf andere Art und Weise ihren Baumbestand. Insbesondere durch Richtlinien und freiwillige Aktionen. - Eine Abwägung hinsichtlich des Für und Wider einer Baumschutzsatzung bringt kein eindeutiges Ergebnis zustande. Sicher ist nur, dass die negativen Aspekte nicht überwiegen. Solange der Bürgerschutz beachtet wird und der Baumschutz in der Kommune nicht anders ausgestaltet ist oder werden kann, spricht jedenfalls nichts gegen eine Baumschutzsatzung.

F. Anhänge

I. Reichsnaturschutzgesetz

Reichsnaturschutzgesetz

vom 26. Juni 1935

Heute wie einst ist die Natur in Wald und Feld des deutschen Volkes Sehnsucht, Freude und Erholung. Die heimatliche Landschaft ist gegen frühere Zeiten grundlegend verändert, ihr Pflanzenkleid durch intensive Land- und Forstwirtschaft, einseitige Flurbereinigung und Nadelholzkultur vielfach ein anderes geworden. Mit ihren natürlichen Lebensräumen schwand eine artenreiche, Wald und Feld belebende Tierwelt dahin.

Diese Entwicklung war häufig wirtschaftliche Notwendigkeit; heute liegen die ideellen, aber auch wirtschaftlichen Schäden solcher Umgestaltung der deutschen Landschaft klar zutage.

Der um die Jahrhundertwende entstandenen "Naturdenkmalpflege" konnten nur Teilerfolge beschieden sein, weil wesentliche politische und weltanschauliche Voraussetzungen fehlten; erst die Umgestaltung des deutschen Menschen schuf die Vorbedingungen für wirksamen Naturschutz.

Die deutsche Reichsregierung sieht es als ihre Pflicht an, auch dem ärmsten Volksgenossen seinen Anteil an deutscher Naturschönheit zu sichern. Sie hat daher das folgende

Reichsnaturschutzgesetz

beschlossen, das hiermit verkündet wird:

I. Abschnitt

Anwendung des Gesetzes

§ 1

Gegenstand des Naturschutzes

Das Reichsnaturschutzgesetz dient dem Schutzes und der Pflege der heimatlichen Natur in allen ihren Erscheinungen. Der Naturschutz im Sinne dieses Gesetzes erstreckt sich auf:

a) Pflanzen und nichtjagdbare Tiere,

b) Naturdenkmale und ihre Umgebung,

c) Naturschutzgebiete,

d) sonstige Landschaftsteile in der freien Natur,

deren Erhaltung wegen ihrer Seltenheit, Schönheit, Eigenart oder wegen ihrer wissenschaftlichen, heimatlichen, forst- oder jagdlichen Bedeutung im allgemeinen Interesse liegt.

§ 2

Pflanzen und Tiere

Der Schutz von Pflanzen und nichtjagdbaren Tieren erstreckt sich auf die Erhaltung seltender oder in ihrem Bestande bedrohter Pflanzenarten und Tierarten und auf die Verhütung missbräuchlicher Aneignung und Verwertung von Pflanzen und Pflanzenteilen oder Tieren (z.B. durch Handel mit Schmuckreisig, Handel oder Tausch mit Trockenpflanzen, Massenfänge und industrielle Verwertung von Schmetterlingen oder anderen Schmuckformen der Tierwelt).

§ 3

Naturdenkmale

Naturdenkmale im Sinne dieses Gesetzes sind Einzelschöpfungen der Natur, deren Erhaltung wegen ihrer wissenschaftlichen, geschichtlichen, heimat- und volkskundlichen Bedeutung oder wegen ihrer sonstigen Eigenart im öffentlichen Interesse liegt (z.B. Felsen, erdgeschichtliche Aufschlüsse, Wanderblöcke, Gletscherspuren, Quellen, Wasserläufe, Wasserfälle, alte oder seltene Bäume).

§ 4

Naturschutzgebiete

(1) Naturschutzgebiete im Sinne dieses Gesetzes sind bestimmt abgegrenzte Bezirke, in denen ein besonderer Schutz der Natur in ihrer Ganzheit (erdgeschichtlich bedeutsame Formen der Landschaft, natürliche Pflanzenvereine, natürliche Lebensgemeinschaften der Tierwelt) oder in einzelnen ihrer Teile (Vogelfreistätten, Vogelschutzgehölze, Pflanzenschonbezirke u.dgl.) aus wissenschaftlichen, geschichtlichen, heimat- und volkskundlichen Gründen oder wegen ihrer landschaftlichen Schönheit oder Eigenart im öffentlichen Interesse liegt.

(2) Reichs- oder staatseigene Bezirke von überragender Größe und Bedeutung (Reichsnaturschutzgebiete - § 18) können ganz oder teilweise ausschließlich für Zwecke des Naturschutzes in Anspruch genommen werden.

§ 5

Sonstige Landschaftsteile

Dem Schutze dieses Gesetzes können ferner unterstellt werden sonstige Landschaftsteile in der freien Natur, die den Voraussetzungen der §§ 3 und 4 nicht entsprechen, jedoch zur Zierde und zur Belebung des Landschaftsbildes beitragen oder im Interesse der Tierwelt, besonders der Singvögel und der Niederjagd, Erhaltung verdienen (z.B. Bäume, Baum- und Gebüschgruppen, Raine, Alleen, Landwehren, Wallhecken und sonstige Hecken, sowie auch Parke und Friedhöfe). Der Schutz kann sich auch darauf erstrecken, das Landschaftsbild vor verunstaltenden Eingriffen zu bewahren.

§ 6

Beschränkungen

Durch den Naturschutz dürfen Flächen, die ausschließlich oder vorwiegend Zwecken

der Wehrmacht,

der wichtigen öffentlichen Verkehrsstraßen,

der See- und Binnenschifffahrt oder

lebenswichtiger Wirtschaftsbetriebe

dienen, in ihrer Benutzung nicht beeinträchtigt werden.

II. Abschnitt

Naturschutzbehörden und Naturschutzstellen

§ 7

Naturschutzbehörden

(1) Naturschutzbehörden sind:

a) der Reichsforstmeister als oberste Naturschutzbehörde für das ganze Reich,

b) die höheren sowie die unteren Verwaltungsbehörden für ihren Bezirk.

(2) Der Reichsforstmeister trifft die Anordnungen auf Grund dieses Gesetzes, soweit sie in den Geschäftsbereich eines anderen Reichsministers übergreifen,

im Einvernehmen mit diesem. Er kann einzelne der ihm nach diesem Gesetz zustehenden Befugnisse auf die nachgeordneten Naturschutzbehörden übertragen.

(3) Der Reichsforstmeister bestimmt im Einvernehmen mit den obersten Landesbehörden, welche Behörden als höhere und untere Verwaltungsbehörden im Sinne dieses Gesetzes anzusehen sind.

§ 8

Naturschutzstellen

(1) Zu ihrer fachlichen Beratung richtet jede Naturschutzbehörde eine Stelle für Naturschutz ein. Zu den allgemeinen Aufgaben der Stellen für Naturschutz gehören u.a.:

a) Ermittlung, wissenschaftliche Erforschung, dauernde Beobachtung und Überwachung der im § 1 genannten Teile der heimatlichen Natur,

b) Feststellung der Sicherungsmaßnahmen; Anregung der Beteiligten zum Schutze ihrer Naturdenkmale und sonstiger erhaltenswerter Bestandteile der heimatlichen Natur,

c) Förderung des allgemeinen Verständnisses für den Naturschutzgedanken.

(2) Die Reichsstelle für Naturschutz berät die oberste Naturschutzbehörde in allen Angelegenheiten des Naturschutzes und hat für die einheitliche Wirksamkeit der übrigen Naturschutzstellen zu sorgen. Zu ihren Aufgaben gehören auch die Wahrnehmung der deutschen Interessen im internationalen Naturschutz sowie die Überwachung des Beringungswesens, soweit nichtjagdbare Vögel in Betracht kommen.

(3) Bis zu ihrer Errichtung werden die Aufgaben der Reichsstelle der Staatlichen Stelle für Naturdenkmalpflege in Preußen übertragen.

§ 9

Einrichtung der Naturschutzstellen

(1) Die Reichsstelle untersteht der obersten Naturschutzbehörde unmittelbar. Ihre Zusammensetzung und Leitung wird durch die oberste Naturschutzbehörde bestimmt.

(2) Die Zusammensetzung und Leitung der übrigen Naturschutzstellen wird durch die nächsthöhere Naturschutzbehörde nach Anhörung ihrer Naturschutzstelle bestimmt.

§ 10

Naturschutzbeirat

Der Reichsstelle für Naturschutz steht ein Naturschutzbeirat zur Seite, dessen Mitglieder die oberste Naturschutzbehörde beruft.

III. Abschnitt

Schutz von Pflanzen und Tieren

§ 11

(1) Die oberste Naturschutzbehörde kann für den ganzen Umfang oder einen Teil des Reichsgebiets Anordnungen nach § 2 erlassen. Aufwendungen irgendwelcher Art können durch derartige Anordnungen nicht gefordert, dagegen kann die Verpflichtung zur Duldung von Schutz- und Erhaltungsmaßnahmen auferlegt werden, soweit dem Eigentümer hierdurch keine wesentlichen Nachteile entstehen.

(2) Die ergehenden Anordnungen gelten, soweit darin nichts anderes bestimmt ist, gegenüber jedermann.

(3) Die Durchführung der Anordnung liegt den Naturschutzbehörden und den von ihnen beauftragten Behörden ob.

IV. Abschnitt

Naturdenkmale und Naturschutzgebiete

§ 12

Listenführung

(1) Bei der unteren Naturschutzbehörde wird eine amtliche Liste der Naturdenkmale (Naturdenkmalbuch) geführt. Durch Eintragung in die Liste erhalten die darin bezeichneten Gegenstände und Bodenteile den Schutz dieses Gesetzes.

(2) Bei der obersten Naturschutzbehörde wird, vorbehaltlich der Bestimmung des § 18, eine amtliche Liste der Naturschutzgebiete (Reichsnaturschutzbuch)

geführt. Durch Eintragung in die Liste erhalten die darin bezeichneten, auf beigefügten Karten umgrenzten Flächen den Schutz dieses Gesetzes.

§ 13

Eintragung

(1) Die Eintragung eines Naturdenkmals, gegebenenfalls samt der zu seiner Sicherung notwendigen Umgebung, in das Naturdenkmalbuch verfügt die untere Naturschutzbehörde auf Vorschlag oder nach Anhörung der zuständigen Naturschutzstelle. Die Verfügung bedarf der Zustimmung der höheren Naturschutzbehörde.

(2) Die Eintragung eines Naturschutzgebiets in das Reichsnaturschutzbuch verfügt die oberste Naturschutzbehörde auf Vorschlag oder nach Anhörung der Reichsstelle für Naturschutz.

§ 14

Löschung

(1) Die Löschung der Eintragung eines Naturdenkmals kann auf Antrag oder von Amts wegen durch die für die Eintragung zuständige Behörde nach Anhörung der Naturschutzstelle erfolgen. Sofern diese gegen die Löschung Einspruch erhebt, entscheidet die höhere Naturschutzbehörde nach Anhörung ihrer Naturschutzstelle.

(2) Die Eintragung eines Naturschutzgebiets kann auf Antrag oder von Amts wegen von der obersten Naturschutzbehörde nach Anhörung der Reichsstelle für Naturschutz gelöscht werden.

§ 15

Schutz- und Erhaltungsmaßnahmen

(1) Besondere Schutz- und Erhaltungsmaßnahmen für eingetragene Naturdenkmale werden durch Anordnung der unteren Naturschutzbehörde geregelt. Für Naturschutzgebiete gelten in jedem Einzelfalle besondere Bestimmungen, die von der obersten Naturschutzbehörde oder mit deren Zustimmung von der höheren Naturschutzbehörde erlassen werden.

(2) Die notwendigen Schutz- und Erhaltungsmaßnahmen für eingetragene Naturdenkmale und Naturschutzgebiete muss der Eigentümer, Besitzer,

Erbbau- oder Nutzungsberechtigte des Grundstücks und jeder, dem ein Recht an dem Grundstück zusteht, nach den Anordnungen der zuständigen Naturschutzbehörde dulden. Die Durchführung der Maßnahmen erfolgt nötigenfalls durch polizeilichen Zwang. Dem Eigentümer oder sonst Betroffenen bleibt es unbenommen, die erforderlichen Schutz- und Erhaltungsmaßnahmen auf eine Kosten selbst auszuführen.

(3) Bestehen oder entstehen gegen Dritte Ansprüche aus dem Eigentum, dem Besitz oder der Nutzung des Naturdenkmals, so können diese Ansprüche von der zuständigen Naturschutzbehörde verfolgt werden, wenn der Berechtigte hierzu nicht bereit ist oder die Geltendmachung ungebührlich verzögert. Der Berechtigte ist nicht befugt, über diese Ansprüche ohne Genehmigung der Naturschutzbehörde zu verfügen.

§ 16
Verbot von Veränderungen

(1) Es ist verboten, ein eingetragenes Naturdenkmal ohne Genehmigung der zuständigen Naturschutzbehörde zu entfernen, zu zerstören oder zu verändern. Entsprechendes gilt für seine geschützte Umgebung.

(2) Es ist verboten, in einem eingetragenen Naturschutzgebiet unbeschadet der dafür im Einzelfall nach § 15 Abs. 1 getroffenen besonderen Bestimmungen und der bisherigen Benutzungsart ohne Genehmigung der obersten Naturschutzbehörde Veränderungen vorzunehmen.

§ 17
Untersuchung und einstweilige Sicherstellung

(1) Den Naturschutzbehörden und den Naturschutzstellen sowie ihren Beauftragten ist der Zutritt zu einem Grundstück zum Zwecke solcher Erhebungen zu gestatten, die der Ermittlung, Erforschung oder der Erhaltung der im § 1 genannten Gegenstände dienen.

(2) Die Duldung des Zutritts ist nötigenfalls durch polizeilichen Zwang herbeizuführen.

(3) Zur einstweiligen Sicherstellung eines Naturdenkmals oder eines Naturschutzgebiets sind die Naturschutzbehörden berechtigt, den Beginn oder

die Weiterführung von Veränderungen oder Beseitigungen zu untersagen und nötigenfalls zu verhindern.

§ 18

Reichsnaturschutzgebiete

(1) Der Reichsforstmeister kann im Einvernehmen mit den beteiligten Fachministern im Reichs- oder Staatseigentum stehende Flächen, die den Voraussetzungen des § 4 entsprechen, im Verordnungswege zu Reichsnaturschutzgebieten erklären.

(2) Grundflächen, die von einem Reichsnaturschutzgebiet umschlossen werden oder daran angrenzen, können enteignet werden, wenn dies für Zwecke des Naturschutzes erforderlich ist.

(3) Um die Beschaffung des nach Abs. 2 erforderlichen Landes zu sichern und die im Zusammenhang damit notwendige Landbeschaffung für die Umsiedlung durchzuführen, wird im Reichsforstamt eine Reichsstelle für Landbeschaffung gebildet. Der Leiter der Reichsstelle wird durch den Reichsforstmeister im Einvernehmen mit dem Reichsminister für Ernährung und Landwirtschaft bestellt und abberufen.

(4) Für die Landbeschaffung und Umsiedlung finden bis zum Inkrafttreten des Reichsenteignungsgesetzes die Vorschriften des Gesetzes über die Landbeschaffung für Zwecke der Wehrmacht vom 29. März 1935 (Reichsgesetzbl. I S. 467) entsprechende Anwendung.

V. Abschnitt

Pflege des Landschaftsbildes

§ 19

Schutz von Landschaftsteilen

(1) Die oberste und mit ihrer Ermächtigung die höhere oder untere Naturschutzbehörde kann im Benehmen mit den beteiligten Behörden Anordnungen im Sinne des § 5 treffen.

(2) Die Anordnungen können sich auf die Landschaft selbst beziehen, soweit es sich darum handelt, verunstaltende, die Natur schädigende oder den Naturgenuss beeinträchtigende Änderungen von ihr fernzuhalten.

§ 20

Beteiligung der Naturschutzbehörden

Alle Reichs-, Staats- und Kommunalbehörden sind verpflichtet, vor Genehmigung von Maßnahmen oder Planungen, die zu wesentlichen Veränderungen der feien Landschaft führen können, die zuständigen Naturschutzbehörden rechtzeitig zu beteiligen.

VI. Abschnitt

Strafvorschriften

§ 21

Strafbare Handlungen

(1) Mit Gefängnis bis zu zwei Jahren oder mit Geldstrafe oder mit Haft wird bestraft, wer vorsätzlich den im § 16 zur Erhaltung von Naturdenkmalen und Naturschutzgebieten enthaltenen Verboten oder den auf Grund der Bestimmungen

a) des § 11 Abs. 1 Satz 1 zum Schutzes von Pflanzen und Tieren,

b) des § 15 Abs. 1 Satz 2 für Naturschutzgebiete,

c) des § 19 Abs. 1 zum Schutze von Landschaftsteilen

von der obersten Naturschutzbehörde erlassenen Anordnungen zuwiderhandelt.

(2) Mit Geldstrafe bis zu 150 Reichsmark oder mit Haft wird bestraft, wer fahrlässig den im Abs. 1 genannten Verboten oder Anordnungen, oder wer den auf Grund der Bestimmungen

a) des § 15 Abs. 1 für Naturdenkmale oder Naturschutzgebiete,

b) des § 19 Abs. 1 zum Schutzes von Landschaftsteilen

von den höheren oder unteren Naturschutzbehörden allgemein oder für den Einzelfall getroffenen Anordnungen zuwiderhandelt.

§ 22

Einziehung

(1) Neben der Strafe kann auf Einziehung der beweglichen Gegenstände, die durch die Tat erlangt sind, erkannt werden, und zwar ohne Unterschied, ob die Gegenstände dem Täter gehören oder nicht.

(2) Kann keine bestimmte Person verfolgt oder verurteilt werden, so kann auf die Einziehung selbständig erkannt werden, wenn im übrigen die Voraussetzungen hierfür vorliegen.

VII. Abschnitt

Schluss- und Übergangsvorschriften

§ 23

Verfahren in Naturschutzangelegenheiten

Das Verfahren und der Beschwerdeweg in den Angelegenheiten des Naturschutzes, die durch dieses Gesetz oder die dazu erlassenen Ausführungsbestimmungen den Naturschutzbehörden übertragen sind, werden im Verordnungswege geregelt.

§ 24

Entschädigungslose Rechtsbeschränkung

Rechtmäßige Maßnahmen, die auf Grund dieses Gesetzes und der dazu erlassenen Überleitungs-, Durchführungs- und Ergänzungsvorschriften getroffen werden, begründen keinen Anspruch auf Entschädigung.

Gebühren und Grundsteuer

§ 25

(1) Alle Verhandlungen und Geschäfte, die zur Durchführung des Naturschutzes dienen, sind gebühren- und stempelfrei.

(2) Flächen, die aus Gründen des Naturschutzes nutzungs- und ertragsfrei bleiben, unterliegen nicht der Grundsteuer.

§ 26

Durchführung des Gesetzes

Der Reichsforstmeister erlässt im Einvernehmen mit den beteiligten Reichsministern die zur Überleitung des Naturschutzwesens auf das Reich und zur Durchführung und Ergänzung dieses Gesetzes erforderlichen Vorschriften.

§ 27

Inkrafttreten des Gesetzes

(1) Die Vorschriften der §§ 1 bis 6, 24 bis 26 treten mit dem auf die Verkündung dieses Gesetzes folgenden Tag in Kraft.

(2) Im übrigen tritt das Gesetz am 1. Oktober 1935 in Kraft. Gleichzeitig treten außer Kraft:

a) das Reichsgesetz, betreffend den Schutz von Vögeln, vom 22. März 1988 (Reichsgesetzbl. S. 111) in der Fassung des Gesetzes vom 30. Mai 1908 (Reichsgesetzbl. S. 317);

b) alle den Tier- und Pflanzenschutz sowie Naturschutz betreffenden Landesgesetze.

(3) Die auf Grund der bisherigen Landesgesetze erlassenen Einzelanordnungen bleiben bis zu ihrer Ausdrücklichen Aufhebung in Kraft.

II. Mustersatzung des Städte- und Gemeindebundes NRW

Mustersatzung des Städte- und Gemeindebundes NRW

(Stand: 19. November 1996)

Satzung
zum Schutz des Baumbestandes der Stadt/Gemeinde........ vom ....

Der Rat der Stadt/Gemeinde .... hat auf Grund des § 7 der Gemeindeordnung für das Land Nordrhein-Westfalen in der Fassung der Bekanntmachung vom 14. Juli 1994 (GV NW S. 666), zuletzt geändert durch Gesetz vom 20. März 1996 (GV. NW. S. 124) und des § 45 des Gesetzes zur Sicherung des Naturhaushaltes und zur Entwicklung der Landschaft (Landschaftsgesetz - LG) in der Fassung der Bekanntmachung vom 15.08.1994 (GV NW S. 710/SGV NW 791), zuletzt geändert durch Gesetz zur Änderung des Landschaftsgesetzes vom 02.05.1995 (GV NW S. 382) in seiner Sitzung am .... folgende Satzung beschlossen:

§ 1
Gegenstand der Satzung

Nach Maßgabe dieser Satzung wird der Baumbestand (Bäume) zur

a) Sicherstellung der Leistungsfähigkeit des Naturhaushaltes,

b) Gestaltung, Gliederung und Pflege des Orts- und Landschaftsbildes und zur Sicherung der Naherholung,

c) Abwehr schädlicher Einwirkungen auf den Menschen und auf Stadtbiotope,

d) Erhaltung oder Verbesserung des Stadtklimas,

e) Erhaltung eines artenreichen Baumbestandes

gegen schädliche Einwirkungen geschützt.

§ 2
Geltungsbereich

(1) Diese Satzung regelt den Schutz des Baumbestandes innerhalb der im Zusammenhang bebauten Ortsteile und des Geltungsbereiches der Bebauungspläne.

(2) Diese Satzung gilt nicht für den Geltungsbereich von Bebauungsplänen, in denen land- oder forstwirtschaftliche Nutzung oder Grünflächen festgelegt sind, wenn und soweit sich ein Landschaftsplan auf diese Flächen erstreckt (§ 16 Abs. 1 LG). Diese Satzung findet weiter keine Anwendung, wenn innerhalb der im Zusammenhang bebauten Ortsteile und des Geltungsbereiches der Bebauungspläne durch ordnungsbehördliche Verordnungen Naturschutzgebiete, Naturdenkmale oder geschützte Landschaftsbestandteile ausgewiesen werden (§ 42a Abs. 2 LG) oder Sicherstellungsanordnungen ergehen (§ 42e LG), sofern die Verordnung oder Sicherstellungsanordnungen Regelungen für den Baumbestand enthalten.

(3) Die Vorschriften dieser Satzung gelten nicht für Wald im Sinne des Gesetzes zur Erhaltung des Waldes und zur Förderung der Forstwirtschaft (Bundeswaldgesetz) vom 2. Mai 1975 (BGBl. I S. 1307), geändert durch das Erste Änderungsgesetz vom 27.07.1984 (BGBl. S. 1034), und des Forstgesetzes für das Land Nordrhein-Westfalen (Landes-Forstgesetz) in der Fassung der Bekanntmachung vom 24. April 1980 (GV NW S. 546, SGV NW 790), zuletzt geändert durch Gesetz vom 20.06.1989 (GV NW S. 437) und 29.04.1992 (GV NW S. 175).

§ 3

Geschützte Bäume

(1) Geschützte Bäume sind zu erhalten und mit diesem Ziel zu pflegen und vor Gefährdung zu bewahren.

(2) Geschützt sind Bäume mit einem Stammumfang von mindestens 80 cm, gemessen in einer Höhe von 100 cm über dem Erdboden (geschützte Bäume). Liegt der Kronenansatz unter dieser Höhe, so ist der Stammumfang unmittelbar unter dem Kronenansatz maßgebend. Mehrstämmige Bäume sind geschützt, wenn die Summe der Stammumfänge 80 cm beträgt und mindestens ein Stamm einen Mindestumfang von 30 cm aufweist.

(3) Diese Satzung gilt für Bäume, die aufgrund von Festsetzungen eines Bebauungsplanes zu erhalten sind, auch wenn die Voraussetzungen des Absatzes 2 nicht vorliegen sowie für die nach dieser Satzung vorgenommenen Ersatzpflanzungen (§ 7).

(4) Nicht unter diese Satzung fallen Obstbäume mit Ausnahme von Walnussbäumen und Esskastanien.

§ 4

Verbotene Handlungen

(1) Im Geltungsbereich dieser Satzung ist es verboten, geschützte Bäume zu entfernen, zu zerstören, zu schädigen oder ihren Aufbau wesentlich zu verändern. Eine wesentliche Veränderung des Aufbaus liegt vor, wenn an geschützten Bäumen Eingriffe vorgenommen werden, die auf das charakteristische Aussehen erheblich einwirken oder das weitere Wachstum beeinträchtigen.

(2) Nicht unter die Verbote des Absatzes 1 fallen ordnungsgemäße Maßnahmen zur Pflege und Erhaltung geschützter Bäume, Maßnahmen zum Betrieb von Baumschulen oder Gärtnereien, zur Gestaltung, Pflege und Sicherung von öffentlichen Grünflächen und zur Bewirtschaftung von Wald sowie unaufschiebbare Maßnahmen zur Abwehr einer gegenwärtigen Gefahr für Personen oder Sachen von bedeutendem Wert, welche von geschützten Bäumen ausgeht, oder die zwar nicht von diesen ausgeht, aber nur durch gegen die geschützten Bäume gerichtete Handlungen abgewehrt werden kann. Die vorgenannten unaufschiebbaren Maßnahmen zur Gefahrenabwehr sind der Stadt/Gemeinde unverzüglich anzuzeigen.

(3) Unter die Verbote des Absatzes 1 fallen auch Einwirkungen auf den Raum (Wurzel- und Kronenbereich), den geschützte Bäume zur Existenz benötigen und die zur Schädigung oder zum Absterben des Baumes führen oder führen können, insbesondere durch:

> a) Befestigung der Fläche mit einer wasserundurchlässigen Decke (z. B. Asphalt, Beton),
>
> b) Abgrabungen, Ausschachtungen (z. B. durch Aushebung von Gräben) oder Aufschüttungen,
>
> c) Lagern, Anschütten oder Ausgießen von Salzen, Säuren, Ölen, Laugen, Farben oder Abwässern,
>
> d) Austreten von Gasen und anderen schädlichen Stoffen aus Leitungen,

e) Anwendung von Unkrautvernichtungsmitteln (Herbiziden), soweit sie nicht für die Anwendung unter Gehölzen zugelassen sind sowie

f) Anwendung von Streusalzen, soweit nicht durch die Straßenreinigungs- und Gebührensatzung etwas anderes bestimmt ist.

§ 5

Anordnung von Maßnahmen

(1) Die Stadt/Gemeinde kann anordnen, dass der Eigentümer oder Nutzungsberechtigte eines Grundstückes bestimmte Maßnahmen zur Pflege, zur Erhaltung und zum Schutze von gefährdeten Bäumen im Sinne des § 1 dieser Satzung trifft; dies gilt insbesondere im Zusammenhang mit der Durchführung von Baumaßnahmen.

(2) Trifft der Eigentümer oder Nutzungsberechtigte eines Grundstückes Maßnahmen, die eine schädigende Wirkung auf geschützte Bäume angrenzender Grundstücke haben können, findet Absatz 1 entsprechende Anwendung.

(3) Die Stadt/Gemeinde kann anordnen, daß der Eigentümer oder Nutzungsberechtigte die Durchführung bestimmter Pflege- und Erhaltungsmaßnahmen an geschützten Bäumen durch die Stadt/Gemeinde oder durch von ihr Beauftragte duldet, sofern ihm die Durchführung nicht selbst zugemutet werden kann oder die Durchführung durch den Pflichtigen den Belangen des Baumschutzes (§ 1) voraussichtlich nicht Rechnung tragen würde.

§ 6

Ausnahmen und Befreiungen

(1) Ausnahmen zu den Verboten des § 4 sind zu genehmigen, wenn

a) der Eigentümer oder Nutzungsberechtigte eines Grundstückes aufgrund von Vorschriften des öffentlichen Rechts verpflichtet ist, geschützte Bäume zu entfernen oder ihren Aufbau wesentlich zu verändern und er sich nicht in anderer zumutbarer Weise von dieser Verpflichtung befreien kann,

b) eine nach den baurechtlichen Vorschriften zulässige Nutzung sonst nicht oder nur unter wesentlichen Beschränkungen verwirklicht werden kann,

c) von dem geschützten Baum Gefahren für Personen oder Sachen von bedeutendem Wert, die nicht gegenwärtig sind (§ 4 Abs. 2), ausgehen und die Gefahren nicht auf andere Weise mit zumutbarem Aufwand beseitigt werden können,

d) der geschützte Baum krank ist und die Erhaltung auch unter Berücksichtigung des öffentlichen Interesses mit zumutbarem Aufwand nicht möglich ist,

e) die Beseitigung des Baumes aus überwiegendem, auf andere Weise nicht zu verwirklichendem öffentlichen Interesse dringend erforderlich ist,

f) die Bäume die Einwirkung von Licht und Sonne auf Fenster unzumutbar beeinträchtigen. Eine unzumutbare Beeinträchtigung liegt vor, wenn Fenster so beschattet werden, daß dahinter liegende Wohnungen während des Tages nur mit künstlichem Licht benutzt werden können, aber ohne Einwirkung der betroffenen Bäume ohne künstliches Licht im Rahmen der gewöhnlichen Zweckbestimmung nutzbar wären.

Die Erlaubnisvoraussetzungen sind vom Antragsteller nachzuweisen.

(2) Von den Verboten des § 4 können im Einzelfall Befreiungen erteilt werden, wenn das Verbot zu einer nicht beabsichtigten Härte führen würde und eine Befreiung mit den öffentlichen Interessen vereinbar ist. Eine Befreiung kann auch aus Gründen des allgemeinen Wohls erfolgen.

(3) Ausnahmen oder Befreiungen sind bei der Stadt/Gemeinde schriftlich zu beantragen. Dem Antrag ist ein Lageplan beizufügen. Im Lageplan sind die auf dem Grundstück vorhandenen geschützten Bäume mit ihrem Standort unter Angabe der Art, des Stammumfanges und des Kronendurchmessers einzutragen. Im Einzelfall kann die Stadt/Gemeinde den Maßstab des Lageplanes bestimmen oder die Vorlage zusätzlicher Unterlagen fordern. Die Entscheidung über die Ausnahme oder Befreiung wird schriftlich erteilt.

§ 7

Ersatzpflanzungen, Ausgleichszahlungen

(1) Wird auf der Grundlage des § 6 Abs. 1 Buchstabe b) und Abs. 2 eine Ausnahme oder Befreiung erteilt, so hat der Antragsteller auf seine Kosten für jeden entfernten geschützten Baum als Ersatz nach Maßgabe des Abs. 2 neue Bäume auf einem Grundstück im Geltungsbereich dieser Satzung zu pflanzen und zu erhalten (Ersatzpflanzung).

(2) Die Ersatzpflanzung bemisst sich nach dem Stammumfang des entfernten Baumes. Beträgt der Stammumfang des entfernten Baumes, gemessen in 1 m Höhe über dem Erdboden, bis zu 150 cm, ist als Ersatz ein Baum derselben oder zumindest gleichwertigen Art mit einem Mindestumfang von 20 cm in 1 m Höhe über dem Erdboden zu pflanzen. Beträgt der Umfang mehr als 150 cm, ist für jeden weiteren angefangenen Meter Stammumfang ein zusätzlicher Baum der vorbezeichneten Art zu pflanzen. Wachsen die zu pflanzenden Bäume nicht an, ist die Ersatzpflanzung zu wiederholen.

(3) Kommt der Antragsteller seiner Verpflichtung gem. § 7 Abs. 1, eine Ersatzpflanzung vorzunehmen, nicht nach, oder ist eine Ersatzpflanzung aus rechtlichen oder tatsächlichen Gründen unmöglich, so hat er eine Ausgleichszahlung zu leisten.

(4) Die Höhe der Ausgleichszahlung bemisst sich nach dem Wert des Baumes, mit dem ansonsten eine Ersatzpflanzung erfolgen müsste (Abs. 1 bis Abs. 3) zusätzlich eine Pflanzkostenpauschale von 30 % des Nettoerwerbspreises.

(5) Von der Regelung des Absatzes 1 können in besonders begründeten Fällen Ausnahmen zugelassen werden. In jedem Fall müssen die Belange des Baumschutzes (§ 1) gewahrt bleiben.

§ 8

Baumschutz in Baugenehmigungsverfahren

(1) Wird für ein Grundstück im Geltungsbereich dieser Satzung eine Baugenehmigung beantragt, so sind im Lageplan die auf dem Baugrundstück vorhandenen geschützten Bäume im Sinne des § 2, ihr Standort, die Art, der Stammumfang und der Kronendurchmesser einzutragen.

(2) Wird die Baugenehmigung für ein Vorhaben beantragt, bei dessen Verwirklichung geschützte Bäume entfernt, zerstört, geschädigt oder verändert

werden sollen, so ist der Antrag auf Erlaubnis gem. § 6 Abs. 3 dem Bauantrag beizufügen.

(3) Absatz 1 und Absatz 2 gelten auch für Bauvoranfragen. Die Darstellung der Bäume kann in diesem Fall maßstabsgerecht auf einer Abzeichnung der Flurkarte erfolgen.

§ 9

Folgenbeseitigung

(1) Werden vom Eigentümer oder Nutzungsberechtigten des Grundstückes mit geschützten Bäumen - entgegen den Verboten des § 4 und ohne dass die Voraussetzungen für eine Ausnahme oder Befreiung nach § 6 vorliegen - geschützte Bäume entfernt oder zerstört, so hat der Eigentümer oder Nutzungsberechtigte für jeden entfernten oder zerstörten geschützten Baum nach Maßgabe des Abs. 4 gleichwertige Bäume zu pflanzen und zu erhalten (Ersatzpflanzung).

(2) Werden vom Eigentümer oder Nutzungsberechtigten des Grundstückes mit geschützten Bäumen - entgegen den Verboten des § 4 und ohne dass die Voraussetzungen für eine Ausnahme oder Befreiung nach § 6 vorliegen - geschützte Bäume geschädigt oder wird ihr Aufbau wesentlich verändert, so hat der Eigentümer oder Nutzungsberechtigte, soweit dies möglich ist, Schäden oder Veränderungen zu beseitigen oder zu mildern. Ist dies nicht möglich, hat der Eigentümer oder Nutzungsberechtigte eine Ersatzpflanzung vorzunehmen.

(3) Ist in den Fällen der Absätze 1 und 2 eine Ersatzpflanzung aus rechtlichen oder tatsächlichen Gründen ganz oder teilweise nicht möglich, so ist eine Ausgleichszahlung für jeden zu ersetzenden geschützten Baum zu leisten.

(4) Für die Ersatzpflanzung nach Abs. 1 und 2 sowie die Ausgleichszahlung nach Abs. 3 sind die Bestimmungen des § 7 sinngemäß anzuwenden.

(5) Hat ein Dritter geschützte Bäume ohne Berechtigung entfernt, zerstört oder geschädigt oder ihren Aufbau wesentlich verändert, so entstehen die Verpflichtungen für den Eigentümer oder Nutzungsberechtigten nach den Abs. 1 bis 4 nur bis zur Höhe des Ersatzanspruches gegenüber dem Dritten, wenn der Ersatzanspruch geringer ist als die Aufwendungen, die bei Erfüllung der Verpflichtungen nach den Abs. 1 bis 4 zu erbringen wären.

(6) Im Fall des Absatzes 5 haften der Eigentümer bzw. der Nutzungsberechtigte und der Dritte gesamtschuldnerisch bis zur Höhe des Schadensersatzanspruches des Eigentümers oder Nutzungsberechtigten gegenüber dem Dritten; darüber hinaus haftet der Dritte allein.

§ 10

Verwendung von Ausgleichszahlungen

Die nach dieser Satzung zu entrichtenden Ausgleichszahlungen sind an die Stadt/Gemeinde zu leisten. Sie sind zweckgebunden für Ersatzpflanzungen im Geltungsbereich dieser Satzung, nach Möglichkeit in der Nähe des Standortes der entfernten oder zerstörten Bäume, zu verwenden.

§ 11

Betretungsrecht

Die Beauftragten der Stadt/Gemeinde sind berechtigt, nach angemessener Vorankündigung mit Zustimmung des Eigentümers oder Nutzungsberechtigten zum Zwecke der Durchführung dieser Satzung Grundstücke zu betreten. Sie sind verpflichtet, sich auf Verlangen des Grundstückseigentümers oder des Nutzungsberechtigten auszuweisen. Sofern Gefahr im Verzuge besteht, kann auf eine Vorankündigung verzichtet werden. Verweigert der Eigentümer oder Nutzungsberechtigte dem Beauftragten der Stadt/Gemeinde den Zutrifft, entscheidet die Genehmigungsbehörde gem. § 6 Abs. 1 nach freier Würdigung des Sachverhalts.

§ 12

Ordnungswidrigkeiten

(1) Ordnungswidrig gem. § 70 Abs. 1 Nr. 17 LG handelt, wer vorsätzlich oder fahrlässig

    a) geschützte Bäume entgegen den Verboten des § 4 und ohne Ausnahmegenehmigung oder Erteilung einer Befreiung nach § 6 entfernt, zerstört, schädigt oder ihren Aufbau wesentlich verändert,

b) Anordnungen zur Pflege, zur Erhaltung oder zur sonstigen Sicherung gefährdeter geschützter Bäume gem. § 5 Abs. 1, Abs. 2 nicht Folge leistet,

c) Nebenbestimmungen zu einer Ausnahmegenehmigung oder Erteilung einer Befreiung nach § 6 nicht erfüllt,

d) seinen Verpflichtungen nach §§ 7 <u>oder</u> 9 nicht nachkommt,

e) entgegen § 8 Abs. 1, Abs. 3 geschützte Bäume nicht in den Lageplan einträgt oder

f) § 8 Abs. 2 zuwiderhandelt.

(2) Ordnungswidrigkeiten können gem. § 71 Abs. 1 LG mit einer Geldbuße bis zu 100.000 DM geahndet werde, soweit die Zuwiderhandlung nicht nach anderen Rechtsvorschriften mit Strafe bedroht ist.

§ 13

Inkrafttreten

Diese Satzung tritt am Tag nach ihrer öffentlichen Bekanntmachung in Kraft. Gleichzeitig tritt die Satzung zum Schutze des Baumbestandes in der Stadt/Gemeinde .... vom.........(Amtsblatt der Stadt/Gemeinde ....) außer Kraft.

III. Satzung zum Schutz des Baumbestandes in der Stadt Detmold

Satzung zum Schutz des Baumbestandes in der Stadt Detmold
vom 17.09.2001

(zuletzt geändert durch Artikelsatzung vom 03.12.2001)

öffentlich bekanntgemacht: 10.12.2001

gültig seit: 01.01.2002

Aufgrund des § 7 der Gemeindeordnung für das Land Nordrhein-Westfalen vom 14. Juli 1994 (GV NRW S.666 / SGV NRW 2023), zuletzt geändert durch Gesetz vom 28. März 2000 (GV NRW S.245 ff.) und des § 45 des Gesetzes zur Sicherung des Naturhaushalts und zur Entwicklung der Landschaft (Landschaftsgesetz - LG) i. d. F. der Bekanntmachung vom 15.8.1994 (GV. NW. S. 710), geändert durch Gesetz zur Änderung des Landschaftsgesetzes vom 21.07.2000 (GV.NW.S.568) hat der Rat der Stadt Detmold in seiner Sitzung am 30. August 2001 folgende Satzung beschlossen:

§ 1 Geltungsbereich und Schutzzwecke

(1) Diese Satzung gilt für den Schutz des Baumbestandes im Gebiet der Stadt Detmold. Geschützt ist der Baumbestand innerhalb der im Zusammenhang bebauten Ortsteile und des Geltungsbereichs der Bebauungspläne. Die Satzung liegt vom Tage des Inkrafttretens an (§ 12) zu jedermanns Einsicht während der Dienststunden aus im:

Fachbereich Stadtentwicklung,.Team Umweltschutz,

Ferdinand-Brune-Haus, Rosental 21, 32756 Detmold

(2) Diese Satzung gilt nicht

a) für Flächen in Bebauungsplänen, die für eine land- oder forstwirtschaftliche Nutzung oder eine Nutzung als Grünfläche festgesetzt sind, wenn und soweit sich der Landschaftsplan auf diese Fläche erstreckt (§ 16 Abs. 1 LG),

b) innerhalb der im Zusammenhang bebauten Ortsteile und des Geltungsbereiches der Bebauungspläne, wenn durch ordnungsbehördliche Verordnungen Naturschutzgebiete, Naturdenkmale oder geschützte Landschaftsbestandteile (§ 42a Abs. 2 LG) ausgewiesen werden oder

Sicherstellungsanordnungen (§ 42e LG) Regelungen für den Baumbestand enthalten, und

c) für Wald im Sinne des Gesetzes zur Erhaltung des Waldes und zur Förderung der Forstwirtschaft (Bundeswaldgesetz) vom 2.5.1975 (BGBl. I S. 1037) und des Landesforstgesetzes für das Land Nordrhein-Westfalen (Landesforstgesetz - LFoG -) in der Fassung der Bekanntmachung vom 24.4.1980 (GV.NW. S.546/SGV.NW. 790).

(3) Nach Maßgabe dieser Satzung wird der Baumbestand (Bäume) zur

a) Sicherstellung der Leistungsfähigkeit des Naturhaushaltes,

b) Erhaltung oder Verbesserung des Stadtklimas und der kleinklimatischen Verhältnisse,

c) Belebung, Gliederung und Pflege des Ortsbildes,

d) Abwehr schädlicher Einwirkungen, wie z. B. Luftverunreinigungen und Lärm,

e) Schaffung von Ruhe- und Erholungszonen,

f) Erhaltung eines artenreichen Baumbestandes

geschützt.

§ 2 Geschützte Bäume

(1) Geschützt sind Bäume mit einem Stammumfang von 100 und mehr Zentimetern. Mehrstämmige Bäume sind geschützt, sofern einer der einzelnen Stämme einen Umfang von 50 Zentimetern und mehr hat. Zu messen ist in einer Höhe von 100 Zentimetern über dem Erdboden. Liegt der Kronenansatz unter dieser Höhe, ist der Stammumfang unter dem Kronenansatz maßgebend.

(2) Diese Satzung gilt auch für Bäume, die aufgrund von Festsetzungen eines Bebauungsplanes zu erhalten sind und für die nach dieser Satzung vorgenommenen Ersatzpflanzungen.

(3) Nicht unter die Vorschriften dieser Satzung fallen Fichten, Lärchen, Pappeln sowie Obstbäume mit Ausnahme von Walnussbäumen und Esskastanien.

§ 3 Verbotene Handlungen

(1) Im Geltungsbereich dieser Satzung ist es verboten, geschützte Bäume zu entfernen, zu zerstören, zu schädigen oder ihren Aufbau wesentlich zu

verändern. Eine wesentliche Veränderung des Aufbaues liegt vor, wenn an geschützten Bäumen Eingriffe vorgenommen werden, die auf das charakteristische Aussehen erheblich einwirken oder das weitere Wachstum beeinträchtigen. Insbesondere bei Baumaßnahmen sind die geltenden Vorschriften zum Schutz von Bäumen anzuwenden (DIN 18920 und RAS-LP 4).

(2) Unter die Verbote des Abs. 1 fallen auch Einwirkungen auf den Wurzel- und Kronenbereich, den geschützte Bäume zur Existenz benötigen, die zur Schädigung oder zum Absterben des Baumes führen können, insbesondere durch:

(a) Befestigung der Fläche mit einer Wasser undurchlässigen Decke, z. B. Asphalt, Beton,

(b) Abgrabungen, Ausschachtungen oder Aufschüttungen,

(c) Lagern, Anschütten oder Ausgießen von Salzen, Säuren, Ölen, Laugen, Farben oder Abwässern,

(d) Anwendung von Unkrautvernichtungsmitteln (Herbizide), sowie

(e) Anwendung von Streusalzen, soweit nicht durch die Straßenreinigungs- und Gebührensatzung in der Stadt Detmold etwas anderes bestimmt ist.

(3) Unter die Verbote des Abs. 1 und 2 fallen nicht

a) ordnungsgemäße und fachgerechte Pflege- und Erhaltungs-Maßnahmen,

b) unaufschiebbare Maßnahmen zur Abwehr einer unmittelbar drohenden Gefahr.

Die Stadt Detmold ist über die getroffenen Maßnahmen sowie über die Ursachen der Gefahr unverzüglich zu unterrichten,

c) Maßnahmen nach Abs. 2 Buchst. a) und b), wenn sichergestellt wird, dass keine existenzbedrohenden Auswirkungen für geschützte Bäume entstehen oder auf andere Weise Vorsorge gegen ein Absterben der Bäume getroffen ist.

§ 4 Anordnung von Maßnahmen

(1) Die Stadt Detmold kann anordnen, dass der Eigentümer oder Nutzungsberechtigte eines Grundstücks bestimmte Maßnahmen zur Pflege, zur Erhaltung und zum Schutz von gefährdeten Bäumen im Sinne des § 2 Abs. 1 dieser Satzung trifft.

(2) Die Stadt kann die in Abs. 1 genannten Maßnahmen selbst durchführen oder durch Dritte durchführen lassen, wenn sie dem Eigentümer oder

Nutzungsberechtigten nicht zuzumuten sind. Der Eigentümer oder Nutzungsberechtigte hat in diesem Fall die Durchführung der Maßnahmen zu dulden.

§ 5 Ausnahme und Befreiungen

(1) Von den Verboten des § 3 ist eine Ausnahme zu erteilen, wenn

a) dies vom öffentlichen Recht geboten oder im öffentlichen Interesse ist,

b) eine nach den baurechtlichen Vorschriften zulässige Nutzung sonst nicht oder

nur unter wesentlichen Beschränkungen verwirklicht werden kann,

c) von dem Baum Gefahren für Personen oder Sachen ausgehen und die Gefahr nicht auf andere Weise und mit zumutbarem Aufwand zu beheben ist,

d) der Baum krank ist und die Erhaltung mit zumutbarem Aufwand nicht möglich ist,

e) das Verbot zu einer nicht beabsichtigten Härte führen würde,

f) an der Erhaltung des Baumes ein erhebliches öffentliches Interesse nicht besteht oder dieses bei Abwägung mit beachtenswerten Interessen des Eigentümers oder eines sonstigen Berechtigten zurückzutreten hat.

(2) Die Erteilung einer Ausnahme oder Befreiung ist bei der Stadt Detmold, Fachbereich Stadtentwicklung, Team Umweltschutz, schriftlich oder mündlich zur Niederschrift unter Darlegung der Gründe zu beantragen.

(3) Die Erlaubnis wird unbeschadet privater Rechte Dritter schriftlich erteilt.

§ 6 Ersatzpflanzungen und Ausgleichszahlungen

(1) Wird auf der Grundlage des § 5 eine Befreiung erteilt, so hat der Nutzungsberechtigte für jeden entfernten geschützten Baum nach Maßgabe des Abs. 2 eine Ersatzpflanzung auf einem Grundstück im Geltungsbereich dieser Satzung zu leisten.

(2) Als Ersatzpflanzung ist ab einem Stammumfang von 100 cm (gemessen in 1 m Höhe über dem Erdboden) für jeweils zusätzliche angefangene 50 cm Stammumfang des entfernten Baumes ein einheimischer Laubbaumhochstamm mit dem Mindestumfang 14 – 16 cm anzupflanzen und zu erhalten. Wachsen die zu pflanzenden Bäume nicht an, so ist die Ersatzpflanzung zu wiederholen.

(3) Kommt der Antragsteller seiner Verpflichtung zur Ersatzpflanzung nicht nach, oder ist eine Ersatzpflanzung unmöglich, so ist eine Ausgleichszahlung zu leisten. Unmöglich ist eine Ersatzpflanzung, wenn ihr rechtliche oder tatsächliche Gründe (fachliche Gesichtspunkte eingeschlossen) entgegenstehen.

(4) Die Höhe der Ausgleichszahlung bemisst sich nach dem Wert der Bäume, die nach Abs. 1 und 2 zu pflanzen wären, zuzüglich einer Pflanzkostenpauschale von 30 % des Nettoerwerbspreises.

(5) Von der Regelung des Absatzes 1 können in begründeten Fällen Ausnahmen zugelassen werden. In jedem Fall müssen die Belange des Baumschutzes (§ 1) gewahrt bleiben.

§ 7 Baumschutz im Baugenehmigungsverfahren

(1) Wird für ein Grundstück im Geltungsbereich dieser Satzung eine Baugenehmigung beantragt, so sind im Lageplan die auf dem Baugrundstück und den Nachbargrundstücken vorhandenen geschützten Bäume im Sinne des § 2, ihr Standort, die Art, der Stammumfang und der Kronendurchmesser einzutragen.

(2) Dem Antrag auf eine Baugenehmigung oder einen Vorbescheid ist entweder eine Erklärung des Bauherrn, daß für die Durchführung des Bauvorhabens keine nach der Satzung geschützten Bäume entfernt, zerstört, geschädigt oder in ihrem Aufbau wesentlich verändert werden sollen, oder andernfalls ein Antrag auf Ausnahme oder Befreiung nach § 5 Abs. 2 beizufügen. Die Entscheidung über die beantragte Ausnahme oder Befreiung (§ 5 Abs. 3) ergeht im Baugenehmigungsverfahren, ihr Inhalt wird Bestandteil der Baugenehmigung oder des Vorbescheides.

§ 8 Ordnungswidrigkeiten

(1) Ordnungswidrig im Sinne des § 70 Abs. 1 Nr. 17 des Landschaftsgesetzes handelt, wer vorsätzlich oder fahrlässig

a) geschützte Bäume entgegen den Verboten des § 3 ohne eine vorher erteilte Ausnahme entfernt, zerstört, schädigt oder ihren Aufbau wesentlich verändert,

b) Anordnungen zur Pflege, zur Erhaltung oder zur sonstigen Sicherung gefährdeter geschützter Bäume gemäß § 4 Abs. 1 und 2 nicht Folge leistet,

c) Auflagen, Bedingungen oder sonstige Anordnungen im Rahmen einer nach § 5 f. erteilten Ausnahme oder Befreiung nicht erfüllt,

d) eine Anzeige nach § 3 Abs. 3 Nr. b) unterlässt,

e) entgegen § 7 Abs. 1 geschützte Bäume nicht in den Lageplan einträgt,

f) entgegen § 7 Abs. 2 die Erklärung des Bauherrn oder den Antrag auf Ausnahme oder Befreiung nicht dem Antrag auf eine Baugenehmigung oder einen Vorbescheid beifügt oder in der Erklärung falsche oder unvollständige Angaben über geschützte Bäume macht.

(2) Die Ordnungswidrigkeit kann mit einer Geldbuße bis zu 25.000 EUR geahndet werden, soweit die Zuwiderhandlung nicht durch Bundes- oder Landesrecht mit einer Strafe bedroht ist.

§ 9 Folgenbeseitigung

(1) Hat der Eigentümer oder Nutzungsberechtigte eines Grundstücks geschützte Bäume entfernt oder zerstört, ohne dass eine schriftliche Ausnahme oder Befreiung von den Verboten des § 3 erteilt wurde oder die Voraussetzungen für eine Ausnahme oder Befreiung nach § 5 vorlagen, ist er verpflichtet, dem Wert der entfernten oder zerstörten Bäume entsprechende Ersatzpflanzungen auf dem Grundstück vorzunehmen. Wurden die geschützten Bäume geschädigt oder wesentlich in ihrem Aufbau verändert, sind die Schäden oder Veränderungen zu beseitigen, soweit dies unter fachlichen Gesichtspunkten möglich ist.

(2) Für die Ersatzpflanzungen sowie die Ausgleichszahlungen nach Abs. 1 gilt § 6 sinngemäß.

(3) Hat ein Dritter geschützte Bäume ohne Berechtigung entfernt, zerstört oder geschädigt und steht dem Eigentümer oder dem Nutzungsberechtigten ein Ersatzanspruch gegen den Dritten zu, so können dem Eigentümer oder dem Nutzungsberechtigten die Verpflichtung nach Abs. 1 höchstens insoweit auferlegt werden, als er gegen den Dritten einen Ersatzanspruch hat und ihn nicht an die Stadt Detmold abtritt.

(4) Die Stadt Detmold kann mit dem Eigentümer oder dem Nutzungsberechtigten vereinbaren, dass dieser den Ersatzanspruch gegen den Dritten an die Stadt Detmold abtritt und diese dafür neue Bäume im Geltungsbereich dieser Satzung anpflanzt. Der Eigentümer oder

Nutzungsberechtigte kann von der Stadt verlangen, dass sie eine Vereinbarung nach Satz 1 mit ihm abschließt.

§ 10 Verwendung von Ausgleichszahlungen

Die nach dieser Satzung zu entrichtenden Ausgleichszahlungen sind an die Stadt Detmold zu leisten. Sie sind zweckgebunden für die Vorbereitung, Durchführung und Betreuung von Ersatzpflanzungen, nach Möglichkeit in der Nähe des Standortes der entfernten oder zerstörten Bäume, zu verwenden.

§ 11 Betreten von Grundstücken

Die Beauftragten der Stadt Detmold sind berechtigt, zur Durchführung dieser Satzung nach Vorankündigung Grundstücke zu betreten und die im Rahmen dieser Satzung erforderlichen Untersuchungen und Ermittlungen durchzuführen. Sie sind verpflichtet, sich auf Verlangen des Grundstückseigentümers oder Nutzungsberechtigten auszuweisen. Die Vorankündigung entfällt bei Gefahr im Verzuge.

§ 12 Inkrafttreten

Die Satzung tritt mit dem Tage nach ihrer öffentlichen Bekanntmachung in Kraft. Gleichzeitig tritt die Satzung zum Schutz des Baumbestandes in der Stadt Detmold vom 29.05.98 sowie die Satzung zum Schutz des Baumbestandes in der Stadt Detmold vom 17.07.2001 außer Kraft.

IV. Baumschutzsatzung der Stadt Oberhausen

BAUMSCHUTZSATZUNG DER STADT OBERHAUSEN

STAND: JUNI 2003

§ 1 Gegenstand der Satzung

(1) Nach Maßgabe dieser Satzung wird der Baumstand (Bäume) zur

a) Sicherstellung der Leistungsfähigkeit des Naturhaushaltes,

b) Gestaltung, Gliederung und Pflege des Orts- und Landschaftsbildes und zur Sicherung der Naherholung,

c) Abwehr schädlicher Einwirkung auf den Menschen und die Stadtbiotope

d) Erhaltung oder Verbesserung des Stadtklimas,

e) Erhaltung eines artenreichen Baumbestandes gegen schädliche Einwirkungen geschützt.

(2) Geschützte Bäume sind zu erhalten und mit diesem Ziel zu pflegen und vor Gefährdung zu bewahren.

§ 2 Sachlicher Anwendungsbereich

(1) Diese Satzung regelt den Schutz des Baumbestandes innerhalb der im Zusammenhang gebauten Ortsteile und des Geltungsbereiches der Bebauungspläne.

(2) Diese Satzung gilt nicht für den Geltungsbereich von Bebauungsplänen, in denen land- oder forstwirtschaftliche Nutzung oder Grünflächen festgelegt sind, wenn und soweit sich ein Landschaftsplan auf diese Flächen erstreckt (§ 16 Abs. 1 LG).

Diese Satzung findet weiter keine Anwendung, wenn innerhalb der im Zusammenhang bebauten Ortsteile und des Geltungsbereiches der Bebauungspläne durch ordnungs-behördliche Verordnung Naturschutzgebiete, Naturdenkmale oder geschützte Landschafts-bestandteile ausgewiesen werden (§ 42 a Abs. 2 LG), oder Sicherstellungsanordnungen ergehen (§ 42 e LG), sofern die Verordnung oder Sicherstellungsanordnung Regelungen für den Baumbestand enthalten.

(3) Die Vorschriften dieser Satzung gelten nicht für Wald im Sinne des Gesetzes zur Erhaltung des Waldes und zur Förderung der Forstwirtschaft (Bundeswaldgesetz) vom 02. Mai 1975 (BGBl I S. 1307), geändert durch das erste Änderungsgesetz vom 27.07.1984 (BGBl I S. 1034), und des Forstgesetzes für das Land Nordrhein-Westfalen (Landesforstgesetz) in der Fassung der Bekanntmachung vom 24. April 1980 (GW NW S. 546, SVG NW 790), zuletzt geändert durch Gesetz vm 29.04.1992 (GV NW S. 175).

§ 3 Geschützte Bäume

(1) Geschützt sind Bäume sind mit einem Stammumfang von mindestens 80 cm, gemessen in einer Höhe von 100 cm über dem Erdboden (geschützte Bäume). Liegt der Kronenansatz unter dieser Höhe so ist der Stammumfang unmittelbar unter dem Kronenansatz maßgebend. Mehrstämmige Bäume sind geschützt, wenn die Summe der Stammumfänge 80 cm beträgt und mindestens ein Stamm einen Mindestumfang von 30 cm aufweist.

(2) Diese Satzung gilt auch für Bäume, die aufgrund von Festsetzungen eines Bebauungsplanes zu erhalten sind und auch für die nach dieser Satzung vorgenommenen Ersatzpflanzungen (§ 7), auch wenn die Voraussetzungen des Abs. 1 nicht vorliegen.

(3) Nicht unter diese Satzung fallen Pyramidenpappeln und Obstbäume auf privaten Grund-stücken, mit Ausnahme von Walnussbäumen und Esskastanien.

§ 4 Verbotene Handlungen

(1) Im Geltungsbereich dieser Satzung ist es verboten, geschützte Bäume zu entfernen, zu zerstören, zu schädigen oder ihren Aufbau wesentlich zu verändern. Eine wesentliche Veränderung des Aufbaus liegt vor, wenn an geschützten Bäumen Eingriffe vorgenommen werden, die auf das charakteristische Aussehen erheblich einwirken oder das weitere Wachstum beeinträchtigen.

(2) Unter die Verbote des Absatzes 1 fallen auch Einwirkungen auf den Raum (Wurzel- und Kronenbereich), den geschützte Bäume zur Existenz

benötigen und die zur Schädigung oder zum Absterben des Baumes führen oder führen können, insbesondere durch:

a) Befestigung der Fläche mit einer wasserundurchlässigen Decke (z. B. Asphalt, Beton),

b) Abgrabung, Ausschachtungen (z. B. durch Aushebung von Gräben) oder Aufschüttungen

c) Lagern, Anschütten oder Ausgießen von Salzen, Säuren, Ölen, Laugen, Farben oder Abwässern sowie Feuer unter der Baumkrone,

d) Austreten von Gasen und anderen schädlichen Stoffen aus Leitungen

e) Anwendung von Pflanzenschutzmitteln (Herbizide), soweit sie nicht für die Anwendung unter Gehölzen gesetzlich zugelassen sind sowie

f) Anwendung von Streusalzen, soweit nicht durch die Satzung über die Straßenreinigung und die Erhebung von Straßenreinigungsgebühren in der Stadt Oberhausen - Straßenreinigungssatzung - etwas anderes bestimmt ist.

(3) Nicht unter die Verbote des Absatzes 1 fallen:

a) ordnungsgemäße Maßnahmen zur Pflege und Erhaltung geschützter Bäume,

b) unaufschiebbare Maßnahmen zur Abwehr einer gegenwärtigen Gefahr für Personen oder Sachen von bedeutendem Wert, welche von geschützten Bäumen ausgeht oder die zwar nicht von diesen ausgeht, aber nur durch gegen die geschützten Bäume gerichtete Handlungen abgewehrt werden kann. Die vorgenannten unaufschiebbaren Maßnahmen zur Gefahrenabwehr sind der Stadt unverzüglich anzuzeigen und nachweisbar zu begründen. Beweisstücke sollen bis zur Überprüfung durch Beauftragte der Stadt auf-gehoben werden.

§ 5 Anordnung von Maßnahmen

(1) Die Stadt kann anordnen, dass der Eigentümer oder Nutzungsberechtigte eines Grundstückes bestimmte Maßnahmen zur Pflege, zur Erhaltung und zum Schutze von gefährdeten Bäumen im Sinne des § 1 dieser Satzung trifft; dies gilt insbesondere im Zusammenhang mit der Durchführung von Baumaßnahmen.

(2) Trifft der Eigentümer oder Nutzungsberechtigte eines Grundstückes Maßnahmen, die eine schädigende Wirkung auf geschützte Bäume

angrenzender Grundstücke haben können, findet Absatz 1 entsprechende Anwendung.

(3) Die Stadt kann anordnen, dass der Eigentümer oder Nutzungsberechtigte die Durchführung bestimmter Pflege- und Erhaltungsmaßnahmen an geschützten Bäumen durch die Stadt oder durch von ihr Beauftragte duldet sofern die Durchführung nicht selbst zugemutet werden kann oder eine Durchführung durch den Pflichtigen den Belangen des Baumschutzes (§ 1) voraussichtlich nicht gänzlich Rechnung tragen würde.

§ 6 Ausnahmen und Befreiungen

(1) Ausnahmen von Verboten des § 4 sind zu genehmigen, wenn

a) der Eigentümer oder Nutzungsberechtigte eines Grundstücks aufgrund von Vorschriften des öffentlichen Rechts verpflichtet ist, geschützte Bäume zu entfernen oder ihren Aufbau wesentlich zu verändern und er sich nicht in anderer zumutbarer Weise von dieser Verpflichtung befreien kann,

b) eine nach den öffentlich rechtlichen Vorschriften zulässige Nutzung sonst nicht oder nur unter wesentlichen Beschränkungen verwirklicht werden kann,

c) von dem geschützten Baum Gefahren für Personen oder Sachen von bedeutendem Wert ausgehen und die Gefahren nicht auf andere Weise mit zumutbarem Aufwand beseitigt werden können,

d) der geschützte Baum krank ist und die Erhaltung auch unter Berücksichtigung des öffentlichen Interesses mit zumutbarem Aufwand nicht möglich ist,

e) die Beseitigung des Baumes aus überwiegendem, auf andere Weise nicht zu verwirklichendem öffentlichem Interesse dringend erforderlich ist,

f) durch den Baum vor Fenstern der Zufluss von Licht und Sonne in unzumutbarer Weise beeinträchtigt wird. Eine unzumutbare Beeinträchtigung liegt vor, wenn Fenster so beschattet werden, dass dahinter liegende Wohnräume während des Tages nur mit künstlichem Licht benutzt werden können, aber ohne Einwirkung der betroffenen Bäume ohne künstliches Licht im Rahmen der gewöhnlichen Zweckbestimmung nutzbar wären.

Die Erlaubnisvoraussetzungen sind vom Antragsteller nachzuweisen.

(2) Von den Verboten des § 4 können im Einzelfall Befreiungen erteilt werden,

a) wenn das Verbot zu einer nicht beabsichtigen Härte führen würde und eine Befreiung mit den öffentlichen Interessen vereinbar ist,

b) aus Gründen des allgemeinen Wohls.

(3) Ausnahmen oder Befreiungen sind bei der Stadt Oberhausen schriftlich unter Darlegung der Gründe zu beantragen. Dem Antrag ist ein Lageplan beizufügen. Im Lageplan sind die auf dem Grundstück vorhandenen geschützten Bäume mit ihrem Standort unter Angabe der Art, des Stammumfanges (§ 3 Abs. 1) und des Kronendurchmessers ein-zutragen. Im Einzelfall kann die Stadt den Maßstab des Lageplanes bestimmen oder die Vorlage zusätzlicher Unterlagen fordern. Von der Vorlage des Einzelplanes kann angesehen werden, wenn auf andere Weise (Lageskizzen, Fotos) die geschützten Bäume, ihr Standort, Art, Höhe und Stammumfang ausreichend dargestellt werden können.

(4) Die Entscheidung über die Ausnahme oder Befreiung wird schriftlich erteilt. sie ergeht unbeschadet privater Rechte Dritter und kann mit Nebenbestimmungen verbunden werden.

(5) Über Ausnahmen und Befreiungen entscheidet bei Bäumen auf öffentlichen Straßen und auf Grundstücken der Stadt die jeweils zuständige Bezirksvertretung.

§ 7 Ersatzpflanzungen, Ausgleichszahlungen

(1) Wird auf der Grundlage des § 6 Abs. 1 oder Abs. 2 eine Ausnahme oder Befreiung erteilt, so kann dem Antragsteller auf seine Kosten auferlegt werden, für jeden entfernten geschützten Baum eine Ersatzpflanzung auf diesem oder einem anderen Grundstück im Geltungsbereich dieser Satzung vorzunehmen und zu erhalten (Ersatzpflanzung).

(2) Die Ersatzpflanzung bemisst sich nach dem Stammumfang des entfernten Baumes und dessen Restwert. Beträgt der Stammumfang des entfernten Baumes gemessen in 1 m Höhe über dem Erdboden bis zu 120 cm, ist als Ersatz ein Baum derselben oder zumindest gleichwertigen Art mit einem Mindestumfang von 16 cm in 1 Meter Höhe über dem Erdboden zu pflanzen. Beträgt der Umfang mehr als 120 cm, ist für jede weiter angefangene 50 cm Stammumfang ein zusätzlicher Baum der

vorbezeichneten Art und Qualität zu pflanzen. Je nach Restwert des entfernten Baumes kann sich die Anzahl der Ersatzpflanzungen vermindern. Die Entscheidung darüber trifft die Stadt.

(3) Wachsen die zu pflanzenden Bäume nicht an, ist die Ersatzpflanzung zu wiederholen.

(4) Ist eine Ersatzpflanzung gem. Abs. 2 oder 3 ganz oder teilweise unmöglich oder kommt der Antragsteller seinen Verpflichtungen gemäß Abs. 1, eine Ersatzpflanzung vor-zunehmen, nicht nach, so ist eine Ausgleichszahlung zu leisten. Unmöglich ist eine Ersatzpflanzung, wenn ihr rechtliche oder tatsächliche Gründe (fachliche Gesichtspunkte eingeschlossen) entgegenstehen.

(5) Die Höhe der Ausgleichszahlung bemisst sich nach dem Wert des Baumes, mit dem ansonsten eine Ersatzpflanzung erfolgen müsste (Abs. 1 und 2) zuzüglich einer Pflanzkostenpauschale von 30 % des Nettoerwerbspreises.

§ 8 Baumschutz im Baugenehmigungsverfahren

(1) Wird für ein Grundstück im Geltungsbereich dieser Satzung eine Baugenehmigung beantragt, so sind im Lageplan die auf dem Baugrundstück und, soweit möglich, auf den angrenzenden Grundstücken vorhandenen geschützten Bäume im Sinne des § 3, ihr Standort, die Art, der Stammumfang und der Kronendurchmesser einzutragen.

(2) Wird die Baugenehmigung für ein Vorhaben beantragt, bei dessen Verwirklichung geschützte Bäume entfernt, zerstört, geschädigt oder verändert werden sollen, so ist der Antrag auf Erlaubnis gemäß § 6 Abs. 3 dem Bauantrag beizufügen. Die Entscheidung über die beantragte Erlaubnis (§ 6 Abs. 4 ergeht gesondert im Baugenehmigungsverfahren vor Bescheidung des Bauantrages; ihr Inhalt wird Bestandteil der Baugenehmigung.

§ 9 Folgenbeseitigung

(1) Wer entgegen den Verboten des § 4 und ohne das die Voraussetzungen für eine Ausnahme oder Befreiung nach § 6 vorliegen, geschützte Bäume entfernt oder zerstört, hat für jeden entfernten oder zerstörten geschützten Baum eine Ersatzpflanzung vorzunehmen und zu erhalten.

(2) Wer entgegen den Verboten des § 4 und ohne das die Voraussetzungen für eine Ausnahme oder eine Befreiung nach § 6 vorliegen, geschützte Bäume schädigt oder ihren Aufbau wesentlich verändert, hat Schäden oder Veränderungen zu beseitigen oder zu mildern. Ist dies nicht möglich, ist von ihm eine Ersatzpflanzung vorzunehmen.

(3) Ist in den Fällen der Absätze 1 und 2 eine Ersatzpflanzung aus rechtlichen oder tat-sächlichen Gründen ganz oder teilweise nicht möglich, so ist eine Ausgleichszahlung für jeden zu ersetzenden geschützten Baum zu leisten.

(4) Für die Ersatzpflanzung (Abs. 1, Abs. 2) und die Ausgleichszahlung (Abs. 3) sind die Bestimmungen des § 7 sinngemäß anzuwenden.

(5) Hat ein Dritter geschützte Bäume ohne Berechtigung entfernt, zerstört oder geschädigt oder ihren Aufbau wesentlich verändert, so entstehen die Verpflichtungen für den Eigentümer oder Nutzungsberechtigten nach den Absätzen 1 bis 4 nur bis zur Höhe des Ersatzanspruches gegenüber dem Dritten, wenn der Ersatzanspruch geringer ist als die Aufwendung, die bei Erfüllung der Verpflichtungen nach den Absätzen 1 bis 4 zu erbringen wären.

(6) Im Falle des Absatzes 5 haftet der Eigentümer bzw. der Nutzungsberechtigte und der Dritte gesamtschuldnerisch bis zur Höhe des Ersatzanspruches des Eigentümers oder Nutzungsberechtigten gegenüber dem Dritten; darüber hinaus haftet der Dritte allein.

(7) Die Stadt kann mit dem Eigentümer oder Nutzungsberechtigten im Falle des Absatzes 5 vereinbaren, dass er den Ersatzanspruch an die Stadt abtritt.

§ 10 Verwendung von Ausgleichszahlungen

Die nach dieser Satzung zu entrichtenden Ausgleichszahlungen sind an die Stadt Oberhausen zu leisten. Sie sind zweckgebunden für Ersatzpflanzungen im Geltungsbereich dieser Satzung, nach Möglichkeit in der Nähe des Standortes der entfernten oder zerstörten Bäume, zu verwenden.

§ 11 Ordnungswidrigkeiten

(1) Ordnungswidrigkeit gemäß § 70 Abs. 1 Nr. 17 LG handelt, wer vorsätzlich oder fahrlässig

a) geschützte Bäume entgegen den Verboten des § 4 und ohne Ausnahmegenehmigung oder Erteilung einer Befreiung nach § 6 entfernt, zerstört, schädigt oder ihren Aufbau wesentlich verändert,

b) Anordnungen zur Pflege, zur Erhaltung oder zur sonstigen Sicherung gefährdeter geschützter Bäume gemäß § 5 Abs. 1, Abs. 2 nicht Folge leistet,

c) Nebenbestimmungen gemäß § 6 Abs. 4 zu einer Ausnahmegenehmigung oder Erteilung einer Befreiung nach § 6 nicht erfüllt,

d) seinen Verpflichtungen nach §§ 7, 9 nicht nachkommt,

e) entgegen § 8 Abs. 1, Abs. 3 geschützte Bäume nicht in den Lageplan einträgt oder

f) § 8 Abs. 2 Satz 1 zuwiderhandelt.

(2) Ordnungswidrigkeiten können gemäß § 71 Abs. 1 LG mit einer Geldbuße bis zu 100.000,00 DM geahndet werden, soweit die Zuwiderhandlung nicht nach anderen Rechtsvorschriften mit Strafe bedroht ist.

§ 12 Inkrafttreten

Diese Satzung tritt am Tage nach ihrer öffentlichen Bekanntmachung in Kraft. Gleich-zeitig tritt die Satzung zum Schutze des Baumbestandes in der Stadt Oberhausen vom 07.05.1979 außer Kraft.

V. Baumerhaltungsrichtlinie der Stadt Bielefeld

Freiwilliger Schutz und Erhaltung von Bäumen auf öffentlichen und privaten Flächen (Baumerhaltungsrichtlinie)
vom 16.06.2009

1. Anlass

Zur Sicherung und Erhalt des Baumbestandes soll in dieser Selbstverpflichtung der verantwortungsbewusste Umgang mit Bäumen vereinbart werden. Ziel muss es sein, Bäume zu erhalten, Pflanzungen zu fördern und Fällungen nur vorzunehmen, wo es unumgänglich ist.

2. Rahmenbedingungen

Die Akzeptanz für den Erhalt von Bäumen ist auch abhängig vom Umgang der Stadt Bielefeld und ihrer kommunalen Unternehmen mit ihrem eigenen Baumbestand sowie entsprechenden Maßgaben bei der Baulanderschließung. Baumschutz liegt aber auch im Interesse aller Bielefelderinnen und Bielefelder. Aus diesem Grund verpflichten sich die Stadt, ihre kommunalen Unternehmen und weitere Unterzeichnerinnen und Unterzeichner, den Baumbestand auf ihren eigenen öffentlichen oder privaten Flächen nach Maßgabe nachfolgender Grundsätze zu erhalten. „Unterzeichnerinnen / Unterzeichner" sind alle Vertragspartnerinnen und Vertragspartner, die Eigentümerinnen / Eigentümer oder Nutzungsberechtigte öffentlicher oder privater Flächen sind. Unberührt bleiben diejenigen Fälle, in denen der Schutz von Bäumen in Landschaftsplänen oder Bebauungsplänen festgeschrieben ist oder Bäume als Naturdenkmale ausgewiesen sind. Diese Richtlinie gilt auch nicht für Wald im Sinne des Bundeswaldgesetzes und des Landesforstgesetzes NRW.

3. Zielsetzung

Bäume der Stadt sind zu erhalten und zu schützen. Sie dürfen nur im nachfolgend beschriebenen Verfahren entfernt oder in ihren Kronen- und Wurzelbereich eingegriffen werden.

4. Geschützter Baumbestand

Die Selbstbindung zum Schutz des Baumbestandes gilt für das gesamte Stadtgebiet. Gegenstand dieser Regelungen sind alle Bäume, mit Ausnahme von Nadel- und Obstbäumen, mit einem Stammumfang von 80 cm und mehr, gemessen in einer Höhe von 1 m über dem Erdboden. Die Grundsätze des Baumschutzes und ihre Ausnahmen ergeben sich aus Anhang 1.

5. Zusammenarbeit

Voraussetzung für einen wirkungsvollen Schutz und Erhalt von Bäumen ist eine gute und rechtzeitige Zusammenarbeit zwischen den zuständigen Stellen der Stadt, seiner kommunalen Unternehmen, den Grundstückseigentümerinnen / Grundstückseigentümern oder sonstigen dinglich Berechtigten und den Investorinnen / Investoren. Im Rahmen von Investorenplanungen ist zum frühest möglichen Zeitpunkt das Ziel des Erhaltes von Bäumen / Gehölzbeständen in einem gemeinsamen Gespräch zwischen Bauamt, Umweltamt und Investorin / Investor zu verdeutlichen. Der Inhalt des Gespräches ist zu dokumentieren.

6. Umsetzung

6.1 Durchführung von Vorhaben

Die Unterzeichnerinnen / Unterzeichner prüfen, in welchem Umfang Eingriffe in den vorhandenen Baumbestand tatsächlich erforderlich sind; dabei sind auch Alternativen in die Planung einzubeziehen, wenn dadurch Baumbestand erhalten werden kann.

6.2 Entscheidungen

Die Entscheidung über die Erhaltung oder Entfernung von Bäumen wird von der Unterzeichnerin / vom Unterzeichner unter Beachtung der DIN 18920, der RAS LP 4 und der FLL-Richtlinie sowie der Grundsätze des Baumschutzes und der Ausnahmetatbestände gemäß Anhang 1 dieser Richtlinie getroffen.

6.3 Ausgleichspflicht

Können Bäume nicht erhalten werden, ist von der Unterzeichnerin / vom Unterzeichner ein Ausgleich für die entfernten Bäume anzustreben.

Grundsätzlich soll der Ausgleich durch die Pflanzung eines neuen Baumes mit einem Stammumfang von mindestens 20/25 cm für jeden entfernten Baum erfolgen (Ausnahme siehe 6.7). Im Einzelfall kann unter schriftlicher Dokumentation der Gründe von der 1:1-Ausgleichspflicht abgewichen werden. Der Ausgleich kann

• auf den Grundstücken der entfernten Bäume oder

• auf anderen Grundstücken einer der Unterzeichnerinnen / eines der Unterzeichner vorgenommen werden. Über die Form des Ausgleichs in öffentlichen Grünanlagen (einschl. Flächen des Bestattungswesens) entscheidet der Umweltbetrieb.

6.4 Beteiligung der zuständigen Gremien/Öffentlichkeitsarbeit/Dokumentation
Vor größeren Fällaktionen der Stadt und ihrer kommunalen Unternehmen sind die zuständige Bezirksvertretung (BV) und danach die Presse zu unterrichten. Die Unterrichtung obliegt der Stelle, die die Baumfällung veranlasst. Die Entscheidungen über die Entfernung oder Eingriffe in den Kronen- bzw. Wurzelbereich von Bäumen sind in geeigneter Weise durch die veranlassende Stelle zu dokumentieren.

6.5 Beratung
Der Umweltbetrieb berät die übrigen Unterzeichnerinnen / Unterzeichner im Rahmen seiner Möglichkeiten auf Wunsch über fachliche Aspekte des Baumschutzes (z. B. Notwendigkeit von Fällungen, Erkrankungen, Verkehrssicherungspflicht, Erhaltungsmaßnahmen, Eignung von Bäumen für die Innenstadt).

6.6 Bauleitpläne und Baugenehmigungsverfahren
Es wird auf das Arbeitspapier Bauamt - Umweltamt: „Erhalt und Förderung von Bäumen in Bebauungsplänen und Baugenehmigungsverfahren" verwiesen (Anhang 2).

6.7 Unberührtheitsklausel
Die ordnungsgemäße Gestaltung, Pflege und Bewirtschaftung öffentlicher Grünanlagen (einschl. Flächen des Bestattungswesens) bleibt unberührt. Auch

in diesen Fällen wird ein Ausgleich für entfernte Bäume angestrebt (vergleiche 6.3). Die Grundsätze dieser Vereinbarung werden dabei beachtet.

6.8 Verkehrssicherungspflicht

Die Verkehrssicherungspflicht für zu erhaltenden Baumbestand bleibt bei der Unterzeichnerin / beim Unterzeichner.

VI. Programm der Stadt Wuppertal

Programm der Stadt Wuppertal zur Förderung von Pflanzung, Pflege und Schutz von Bäumen.

Bäume haben eine wesentliche Bedeutung für unsere Stadt. Sie produzieren lebensnotwendigen Sauerstoff, dienen der Klimaverbesserung, sind Filter von Staub und Schadstoffen und sorgen für Luftfeuchtigkeit. Sie bieten Lebensraum für die unterschiedlichsten Lebewesen, beleben und gliedern das Stadtbild und dämpfen den Lärm. Die Stadt Wuppertal ist sich dieser Bedeutung der Bäume bewusst und richtet deshalb ein Baumförderprogramm ein.

Die Stadt Wuppertal berät Bürgerinnen und Bürger zur Pflanzung, Pflege und Schutz von Bäumen.

Die Beratung erfolgt innerhalb des Gebietes der Stadt Wuppertal.

Beraten werden können Eigentümer/innen von Grundstücken im oben genannten Förderbereich, sowie Nutzungsberechtigte, Mieter/innen, Vereine und Verbände beim Nachweis der Zustimmung durch den/die Eigentümer/innen. Bei Eigentümergemeinschaften muss das Einverständnis aller Miteigentümer/innen vorliegen.

Die Beratung erfolgt auf formlosen Antrag und in der Regel vor Ort.

Die Beratung erfolgt mündlich, d.h. die Verwaltung ist nicht verpflichtet, detaillierte Pflanz- oder Pflegepläne, Kostenkalkulationen oder Ausschreibungen zu erstellen. Die Beurteilung der Bäume erfolgt durch Inaugenscheinnahme. Weitergehende, technische Untersuchungen wie z.B. Kernbohrungen, Bruchfestigkeitsbestimmungen o.ä. sind nicht vorgesehen.

Soweit nach anderen Rechtsvorschriften, z.B. Baurecht, Denkmalrecht, Wasserrecht) Genehmigungen eingeholt werden müssen, ist dies nicht

Gegenstand der Beratung und ist vom Antragsteller/-in in eigener Verantwortung zu veranlassen.

Eine Beratung ist ausgeschlossen, wenn es sich um Maßnahmen handelt, zu deren Durchführung eine rechtliche Verpflichtung besteht oder andere rechtliche Bestimmungen des öffentlichen Rechtes entgegenstehen.

Die Beratung ist kostenfrei.

Die Beratung ist formlos bei der Stadtverwaltung Wuppertal, Ressort Umweltschutz, Johannes-Rau-Platz 1 42275 Wuppertal zu beantragen.

Autorenprofil

Caroline Wienecke studierte Rechtswissenschaften an den Universitäten Marburg und Bielefeld. Bereits während ihrer Studienzeit spezialisierte sie sich auf das Thema des Umweltrechts. Im Anschluss vertiefte die Autorin ihr Wissen während eines Referendariats und schloss ein aufgenommenes Zweitstudium mit dem Titel Master of Laws ab. Abgerundet wird ihre juristische Ausbildung vom erfolgreich absolvierten theoretischen Teil der Ausbildung zum „Fachanwalt für Verwaltungsrecht". Zur weiteren Vertiefung ihrer Interessen absolviert Caroline Wienecke neben ihren beruflichen Tätigkeiten ein Studium der Umweltwissenschaften.

www.ingramcontent.com/pod-product-compliance
Lightning Source LLC
Chambersburg PA
CBHW050911030726
47586CB00005B/1528